爱与教养，

父母要知道的教育心理学

曾　怡◎著

中国纺织出版社有限公司

内 容 提 要

本书着重从“让孩子按照自然规律成长”这一人性化的教育角度来构建内容，顺应孩子的自然成长规律，遴选教育中最本质、最贴近当前教育生活的九个方面，以“爱、接纳、发现、赏识、唤醒、引领、规则、陪伴、放手”为成长关键词，环环相扣，逻辑严密地展开行文，所有文字内容紧紧围绕“以孩子为本，转换教育观念”来阐述，文字自然清新，内容情理兼具，相信读过之后，会让你对教育孩子有新的理解和认识。

图书在版编目（CIP）数据

爱与教养，父母要知道的教育心理学／曾怡著．--北京：中国纺织出版社有限公司，2020．8

ISBN 978-7-5180-7388-7

Ⅰ．①爱…　Ⅱ．①曾…　Ⅲ．①家庭教育—教育心理学　Ⅳ．①G780

中国版本图书馆CIP数据核字（2020）第076547号

责任编辑：江　飞　　责任校对：江思飞　　责任印制：储志伟

中国纺织出版社有限公司出版发行

地址：北京市朝阳区百子湾东里A407号楼　邮政编码：100124

销售电话：010—67004422　传真：010—87155801

http：//www.c-textilep.com

中国纺织出版社天猫旗舰店

官方微博http://weibo.com/2119887771

佳兴达印刷（天津）有限公司印刷　各地新华书店经销

2020年8月第1版第1次印刷

开本：710×1000　1/16　印张：12

字数：166千字　定价：45.00元

前 言

对于家庭教育，网上流传着一句简单粗暴的话："大宝照书养，二宝照猪养。"可以说，这是放开二孩政策后，父母对于孩子养育的"心得"。

虽然这句话说得有些粗暴、粗糙，但却不无道理。每个孩子都有自己的个性和特点，身为父母，不能千篇一律地照着书去改造孩子，而应尊重孩子的天性，让孩子健康快乐地成长。

儿童教育专家李跃儿曾经说过："教育只能分为两种，一种是好的教育，一种是不好的教育。好的教育是成熟的、建设性的，不好的教育是不成熟的、掠夺性的；建设性教育促进孩子成长，帮助孩子进行内在建构；掠夺性教育阻碍孩子成长，破坏孩子的内在建构。"

就拿孩子成长的关键期来说吧。关键期指的就是特定技能或行为模式发展最敏感的时期，或者为发展特定技能或行为模式准备的时期。关键期只有在适当环境刺激下才会出现，一旦缺乏适当的刺激，关键期的一些行为就不能出现了。关键期也是孩子发展的转折期、转折点，父母做好关键期教育工作，可以让孩子发生跨越转变。

例如，孩子的语言发展有一个关键阶段，如果在这几个阶段父母没有对孩子的语言进行适当的刺激，就会影响孩子的语言发展。一般来说，3~6岁这个阶段，是孩子学习口语的关键期，这个时候父母要经常给孩子讲故事，也要鼓励孩子自己讲故事给父母听，同时鼓励孩子多说、多表达，看一些无字图书，以促进孩子的理解和表达能力。但是如果这个阶段父母没有对孩子进行适当的刺激，父母没有重视对孩子的语言开发，孩子缺少了多说、多听、多表达的机会，那么孩子在口语表达能力方面可能就会有所欠缺。

不过也有学者认为，2~12岁或14岁是语言获得的关键期，过了12岁或14岁，再想掌握第一语言，不仅要付出更多的精力和时间，取得的学习效果也不理想。

所以，在家庭教育中，父母应该尊重孩子的自然成长规律，理解孩子的行为和动作，适当加以引导和开发。

然而，目前也有这种情况，父母在孩子口语学习关键期内，逼着孩子认字、计算、画画、练琴等，认为这就是素质教育。殊不知，这种违背人的自然成长属性的教育法所产生的结果只会徒劳无功。真正的素质教育是培养孩子应对社会的综合能力，是以个体自主、人格独立以及精神自由为目的，以学习的乐趣性、思维的创造性、精神的愉悦性和心理的健康性为宗旨的教育。

李跃儿老师认为，从教育的角度来说，中国的父母可以分为三类：一类是懂教育且有责任心的；另一类是不懂教育却有责任心的；还有一类是既不懂教育又没有责任心的。这三类父母中，不懂教育却有责任心的父母最容易培养出失败的孩子。为什么？因为他们不懂教育真要，不知道尊重孩子的自然成长规律，徒有一颗督促孩子长大成才的责任心，因此不管什么时候，他们可能都在督促孩子好好学习、努力学习，将来成为人中龙凤、强者中的强者。如此便很容易违背孩子的自然成长属性，引起孩子的逆反心理，最终导致孩子的成长与父母的期望目标相悖。

道法自然，对待事物要尊重事物本身的特性。家庭教育也是一样，要根据孩子自然成长规律来教育，根据孩子的特性来培养，才能让孩子成长得更好，才能让孩子的优势和特长更好地发挥。

曾怡

2020年2月

目　录

第一章

爱养：会爱的父母才能教育好孩子

教育家陶行知先生曾说过："没有爱就没有教育。"爱，是教育的基础和根基，没有爱的教育，就像没有根的花朵，不等它盛开绽放，就已经凋谢枯萎了。给予孩子平等、尊重、理解、包容，这就是爱！不管孩子是不是乖巧，不管孩子是不是优秀，他都是你的孩子，爱他，让他快乐，这就是最好的教育！

没有爱的教育就像没有根的花朵

◆ 接受孩子的自然成长属性

◆ 积极关注孩子

◆ 给予孩子真正的理解和接纳

教育家陶行知先生说："爱是一种伟大的力量，没有爱就没有教育。"爱，是教育的基础和根基，没有爱的教育，就像没有根的花朵，不等它盛开绽放，就已经凋谢枯萎了。

天下父母都深爱自己的孩子，可是有些孩子总抱怨自己的父母不爱他。为什么会出现这种现象呢？

有个孩子很爱看动画片，可是如果偶尔一次没考好或者犯了一些错误，父母便马上取消他看动画片的权利。结果孩子的成绩不仅没有起色，反而产生了逆反心理。

案例很短，但寓意深刻。作为父母，你有没有过这样的时候呢？

只要考试成绩让家长满意才允许孩子看动画片。无形中，家长的爱有了附加的条件。

我们相信所有家长一定是爱自己孩子的，而且付出了全身心的爱。可事实是，孩子感受到的只有爸妈讨厌、自私。这也正是万千家长所困惑的：为孩子付出了所有，到头来为什么却养出一个"白眼狼"。

要想解开这一困惑，家长首先要明确一点：你对孩子的爱是不是无条件的，是不是不带有任何功利目的的？

心理学博士赵爽孜曾说过："父母的爱是孩子成长的发动机，父母给孩子的爱一定要够真、够分量。"而这里我们可以将"够真、够分量"的爱，理解为没有任何条件、没有任何目的的爱。

带有条件、带有功利目的来教育孩子、“爱”孩子，最终会让孩子变得紧张、焦虑和患得患失。有心理专家就说过，有心理问题的孩子，其症结多数来自家庭的教养方式，而这种孩子绝大多数都觉得父母不够爱他甚至不爱他。

下面我们通过表格的形式，来了解一下拥有和缺乏父母无条件爱的孩子，在成长过程中的表现。

拥有与缺乏父母无条件爱的孩子表现对比

拥有父母无条件爱的孩子表现	缺乏父母无条件爱的孩子表现
自信，相信自身的力量。	成年后会非常担心自己没有权威。
没有不良或不恰当的习惯和行为。	常感无助。
对自我有较高的评价。	只相信自己的力量。
更容易做决定，并付诸行动。	认为自己没用，怎么努力都难成功。
能公开谈论自己的感受及情感。	缺乏自信，不愿意相信自己。
有很好的自控和自律能力。	过于关注鸡毛蒜皮的小事。
对自己的人生负责，也会关心他人。	自我评价过低。
能充分认识并开发自己的内在潜能。	不够果断，常感到压力很大。
不容易被恐惧、自责和自卑困扰。	成年后不擅做决定，易违背承诺。

很明显，两者表现截然不同。那么，到底什么才是无条件的爱呢？无条件的爱是不是就是放纵孩子呢？

德国著名社会学家、哲学家和心理分析学家埃里希·弗洛姆对无条件的爱给出了这样的答案：无条件的爱和接受是指坚定地爱和接受某个人，而不取决于当时的条件。这样的爱与有条件的爱相对立，有条件的爱，只有在它的客体符合某种条件的情况下才存在。

也就是说，不管孩子是健康还是病弱，是聪明还是愚笨，是漂亮还是丑陋，是学习好还是学习差，你都要无条件、无私地去爱他。仅仅因为他是你的孩子，所以你爱他，仅此而已。什么“数学神童”“绘画天才”，什么奖项、成绩，什么未来、理想，都不该被当作爱孩子的条件。

心理学家认为，孩子的优秀，从根本上来讲是来自父母无条件的爱的，因为不管遇到什么都有父母的爱给他支撑，肯定他，所以他们无所畏惧，心里拥有取之不尽的力量来面对这个世界。

无条件的爱不是默许和放纵孩子的任何无理行为，不是盲目爱孩子，也不是不教育他成为有责任心、有爱心的人。孩子犯了错，就要帮他纠正，这也正是为人父母者所要尽的主要责任。那到底怎样做才是给予孩子无条件的爱呢？以下几点还需要注意。

◆接受孩子的自然成长属性

心理学家认为，孩子的成长有其天然的属性，在教育孩子的过程中，不能违背这一属性。例如7~8岁的孩子，集中注意力的时间仅可达到15~20分钟，有的父母非得让孩子在半小时甚至更长时间内保持高度的专注，这就有悖于孩子的成长。要求孩子像小大人一样去做事，孩子会感到非常痛苦。而且孩子都是非常敏感的，他们能够感知到你无意识的期待以及因此产生的微妙嫌弃感。因此，父母的期望值要适当，要符合孩子的成长、符合孩子的年龄。

此外，孩子再小，也有自己的情绪，但如果因为孩子的情绪而拒绝他们，就是对他们作为人该带有情绪的这个本性的无视了；而且孩子也有自己的想法，如果父母因为孩子有自己的想法就说他们错，就是对人类需要好奇心和自由思维这个事实的无视了。

◆积极关注孩子

孩子需要被看到、被感觉到存在，他们需要被倾听，否则他们会感到空虚和孤独。简单地说，孩子需要父母关注到他的情绪和他背后没被满足的需求。

孩子发脾气了，你是关注到了他生气背后的原因，还是立刻训斥他一顿呢？

孩子打了其他小朋友，你是关注到了他打人背后的委屈，还是马上拉过来暴揍他一顿呢？

孩子大哭大闹，你是关注到了他想要得到父母的注意，还是立刻满足他无理的要求呢？

……

父母对孩子无条件地积极关注，哪怕做得不够理想，孩子也会觉得已经得到了你的尊重、理解以及爱。这种关注也会让孩子感到自身的价值以及“家”的归属感，因为孩子以父母为“家”，父母给予孩子这种积极的关注，让孩子感受到了无条件的爱，自然他们的归属感会非常强烈。

◆给予孩子真正的理解和接纳

有一些父母对孩子的“理解和接纳”，有时可能是无奈之下的“委屈求全”。例如，孩子要玩游戏，父母不同意时，孩子就会以发脾气、不学习为“要挟”，不胜其烦的“父母”只好接受孩子的要求，这种“理解和接纳”是有条件的一种选择。

无条件的爱就是真正的接纳和理解。生命中最重要的人始终爱自己、相信自己，这样对孩子生命里始终都有光，内心始终都有力量。

平等相待才能真正去爱

◆ 将“霸权主义”改成“双边互动”

◆ 和孩子成为朋友

◆ 父母犯错也要承认错误

“我是你爸（妈），你就得听我的！”

“让你做什么你就做什么，哪来那么多话？”

“没有理由，只因为我是你爸（妈）！”

……

“君叫臣死臣不得不死，父叫子亡子不得不亡。”社会的发展，家长制文化的糟粕虽然已被抛弃，可在父母心目中，孩子始终处于“被管”地位，而自己则处于一种居高临下的“统治者”地位，因此以上一些话经常被一些父母挂在嘴边。

这种“统治与被统治”的关系在学龄前可能很融洽，因为孩子从小以父母为权威，认为自己是无知的，父母是智慧的象征，“父母吃的盐比自己吃的米多，父母过的桥比自己走的路多”，自己就该被父母指使和操纵，就该按照父母说的样子去做，这样才会让自己成为有能力、有出息的人，因此，他们认可父母的“心理尺寸”比自己的大。但随着年龄的逐渐增长，这个“心理尺寸”的差距逐渐缩小，父母的指使和操纵就会让孩子产生反感、厌烦心理，于是孩子越来越“不听话”，出现“逆反”，致使父母与孩子间火药味儿十足。

大家想想，父母这种以“大”压“小”、将自己的意愿完全强加在孩子身上的行为，与驯兽员训练猫、狗、老鼠等的行为又有什么差异呢？可孩子毕竟不是猫、狗，孩子是人，有自己独立的思想、独立的人格，尤其随着年龄的增长，这种独立的人格意识会越来越强，他们需要的是父母与自己平等相待，相互尊重。

有学者经过多年的研究实践发现，建立在民主、平等、信任、尊重的爱育的基础上的亲子关系，会激发孩子生命中巨大的原创潜能，而居高临下、以“大”压“小”的教育，则会束缚、压抑甚至扼杀孩子生命的健康成长。所以，爱孩子，就要与孩子平等相待。当然，平等相待，不仅是说说而已，还要付诸实施，这就需要父母做到以下几点。

◆将“霸权主义”改成“双边互动”

生活中，从表面来看，父母似乎都能与孩子平等对话，但实际上却是“软命令”“冷暴力”。例如爸爸妈妈为某事争论，当孩子说出自己的观点，尤其是孩子的观点更倾向于某一方时，另一方就会丢出一句警告性的话：“闭嘴，不说话没人当你是哑巴！”或者，爸爸或妈妈与孩子争论某件事，孩子如果说出自己的观点，那么，爸爸或妈妈便说：“小屁孩儿还没萝卜高呢，懂什么？”

这些都是父母与孩子之间“单边”对话的表现，是父母“居高临下”式的教育，而最利于孩子成长的亲子关系，是平等相待下的“双边互动”。

1.尊重孩子的观点

孩子懂事以后，便开始思考世界，遇到事情后，他们会逐渐产生自己的想法和观点，这说明他们有了独立思考的意识，非常可贵。孩子和父母的世界不同，他们的想法和观点也许幼稚可笑，但切不可嘲笑或者打断他们，不要以自己的思维方式或标准来要求孩子，让他们继续将自己的观点表达出来。

2.倾听孩子的想法

孩子在发表自己的意见和想法的时候，要给予孩子积极的赏识和尊重，给孩子倾听的双耳，最好与孩子能展开讨论。这不但能进一步锻炼孩子的思考及表达能力，还能发现和了解孩子的真实想法，从而纠正孩子在成长中存在的一些错误思想。

3.改变命令式口吻

与孩子沟通时，父母常常用命令式的口吻，例如，“去把水给我端来”“赶紧去写作业”“把饭吃完”……虽然孩子可能很愿意去帮爸爸妈妈端水，也愿意在第一时间完成作业，但是就因为听到这样的话，没了动力。如果将“去把水给我端来”改成“帮爸爸（妈妈）端杯水过来好吗？”或者“能帮爸爸（妈妈）端杯水过来吗？”孩子会觉得这是受人委托，是保持在平等的角度上的交流，会更愿意去做。

◆和孩子成为朋友

与孩子平等相待，最好的办法是与孩子成为朋友，让亲子之爱获得一种精神性的品格，让孩子也视父母为朋友。例如，生活中不少爸爸妈妈都会对孩子说：“爸爸（妈妈）是你最好的朋友，不管遇到什么事儿，都讲给爸爸（妈妈）听，爸爸（妈妈）会帮你。”当然，与孩子做朋友，仅嘴上说说可没有用，要用实际行动让孩子感觉到你适合做他的朋友，这就需要父母们注意以下几点。

1.放下“家长”架势

孩子需要与父母平等相待，此时父母就要放下“家长”的架势，将孩子视同正在成型的独立人格，要给予他信任和尊重。孩子自己的事情，可以心怀爱心加以关注，以平等态度与孩子商量，但绝不越俎代庖、横加干涉。

2.睡前与孩子“交交心”

晚上睡觉前是亲子交流最好的时间，父母可以躺下来和孩子聊聊天，随便聊，不用刻意找话题。时间长了你会发现，孩子会愿意在这一刻跟你聊天，聊他心里想说的话，白天遇到的事情等。此时往往大家都能心平气和，孩子有哪里做得不好或不对，像朋友一样聊天似的说出来，孩子更容易接受。

3.与孩子在同一高度说话

孩子总要仰着头与父母对话，无形中就会让孩子有一种被“欺压”感，而坐下来或者蹲下来与孩子对话，给孩子一个与他平等的高度，两个人平视对话，能很好地让孩子感到被尊重，进而产生一种平等相待感。

4.一心一意陪孩子

因为工作等原因，父母陪孩子的时间可能很少，“量”上没优势，就要在“质”上做提升，因此，不管陪伴孩子几分钟，还是几十分钟，都要一心一意，将全部心思都放在孩子身上，不做其他分心的事情。这样孩子会觉得他对你来说是重要的，会感受到你的爱。

5.接受孩子的情绪

孩子有自己独立的思想，所以他会有自己的情绪，会发脾气。不过孩子一旦生气，往往父母不问青红皂白，直接就呵斥，让孩子更“叛逆”。而恰当的处理方法是接受孩子的情绪，了解原因，然后平复他的心情，再和孩子一起想处理问题的解决办法。这让孩子更容易接受你，感受到你对他的重视，进而从你这里获得支持和帮助。

◆父母犯错也要承认错误

人总会犯错，父母也一样，但有些父母为了维护自己在孩子心目中的威信，即便自己犯了错也不承认，尤其是当孩子认为父母犯错时，父母习惯用权威来压制孩子，剥夺孩子的话语权。父母是孩子的镜子、孩子的榜样，自己犯错不承认，实际上是给孩子做了一个推卸责任、逃避问题的示范，不但让孩子认为自己不受尊重，还会对孩子的成长极为不利。因此，父母犯错也要向孩子说“对不起”。

1.承认错误多晚都不怕

父母做错事情，尤其是冤枉孩子，可能很长时间过去之后，父母才意识到自己错了，这时候可能有些父母认为事情已经过去很久，没必要再道歉了，但其实这事儿一直藏在孩子心里。所以，不管多晚，父母错了就要道歉。

2.道歉态度要诚恳

父母给孩子道歉，诚恳的态度很重要，如果态度不诚恳，孩子会觉得父母虚伪。同时还要说清自己错在哪里，如果只是道歉，却不说自己错在哪里，孩子会分不清哪些是正确的，哪些是错误的。

3.不要低估孩子的接纳能力

绝大多数孩子都很喜欢原谅别人，很乐于接受他人尤其是父母的意见，所以父母要相信孩子不会跟自己计较，他们会坦诚与自己相待的。

爱孩子，就要给孩子无私的爱，平等相待，给孩子一个轻松自由的成长环境，会让孩子更优秀。

爱是尊重不是控制

◆与孩子平等双向沟通

◆孩子的事情要征求孩子自己的意见

◆给孩子留有足够的发挥天赋的空间

“我说去图书馆就去图书馆，去图书馆能安静地看不少书呢。”

“就选这条白裙子，你又不懂色彩搭配，你看你选的那条多难看。”

“你说不冷就不冷啊，别说话，赶紧再多穿一件。”

“再吃一碗，就吃那么点儿怎么可能饱呢？”

……

网上非常流行一句话：“有一种冷叫我妈认为我冷，有一种饿叫我妈认为我饿。”不少父母认为孩子小，不懂事，自己的阅历总要比孩子丰富得多，于是便将自己的想法强加于孩子身上，安排孩子做自己认为对的事情。以上的一些话，你有没有跟孩子说过呢？孩子或许并不想去图书馆，就想去公园；孩子或许就喜欢花里胡哨的裙子；孩子穿的衣服或许正适合他……但就因为我们是父母，就私自且霸道无理地替孩子做了选择和决定。

记得有个孩子并没有对阅读产生兴趣，但是父母为了让孩子养成良好的阅读习惯，就一次性给孩子买了很多课外阅读书籍，接下来的每个假日，都将孩子圈在家中读书，结果孩子的阅读兴趣没有养成不说，反倒养出了坏脾气。

哲学家弗洛姆说过一句很值得父母们深思的话："教育的对立面是操纵，它出于对孩子潜能的生长缺乏信心，认为只有成年人去指导孩子该做哪些事，不该做哪些事，孩子才会获得正常的发展。然而，这样的操纵是错误的。"

美国明尼苏达大学等机构的研究人员，对422名儿童进行了一项长达8年的跟踪调查，从2岁一直跟踪调查到10岁。他们发现，2岁时，父母对孩子"过度控制"，孩子5岁时往往不能控制自己的情绪和行为，孩子10岁时情绪问题也会非常多，且无法拥有好的社交技能以及学习成绩。

这项研究被发表在《美国心理学会发展心理学》期刊上，作者之一的明尼苏达大学的研究人员妮可・佩里指出，父母的"过度控制"会剥夺孩子们心理成长的机会。

所以，根据自己的意愿或好恶来安排孩子的成长，不考虑孩子自己的内心，得到的效果往往会事与愿违，越控制越容易"失控"，且容易对孩子造成不良的后果。

长期受父母控制的孩子，常会自我否定，易对自己的行为产生怀疑，成年后，易自卑、懦弱、缺乏主见，且更容易叛逆。英国《积极心理学学刊》曾有这样一句话："父母控制欲太强，负面影响堪比丧亲。"孩子长期受父母控制，会造成严重的心理伤害，长大后幸福指数较低、依赖性较强，生活满意度低。

周国平说："和孩子相处，最重要的原则就是尊重孩子。从根本上说，这就是把孩子看作一个灵魂，一个有自己独立人格的个体。"所以，爱孩子，不是控制和操纵，而是尊重。而尊重孩子，最起码要做到以下几点。

◆与孩子平等双向沟通

控制型父母教育孩子，常带着一种错误——单向沟通，也就是说，不听孩子的任何解释，对孩子指手画脚，以命令的语气与孩子沟通，无端指责孩子还不给孩子任何反驳的机会，即便冤枉了孩子，还是不肯认可孩子的做法。父母要想让孩子感受到你的爱、你的尊重，在给出评价、建议、批评前，首先要给孩子一个表达自己感受和解释原因的机会，父母单纯作为倾听者。例如给孩子报兴趣班，要先了解孩子自己的想法，自己的喜好；孩子会犯错，但是不能一见孩子犯错马上就批评他、骂他，要了解其中的原因，让他自己说出他为什么那么做。这样的平等双向沟通方式，更容易让孩子接受，就算因为错误要惩罚孩子，孩子也会心服口服。

◆孩子的事情要征求孩子自己的意见

生活中，多征求孩子的意见，尤其是关系到孩子自身的事情时，在父母表态之前先听听孩子自己的想法，这是体现民主的一种表现，能让孩子感受到被尊重、被重视。孩子的想法一旦成立，或者和你想的一样，此时就采用他的想法让他做某事，他会全力以赴且信心满满，事情完成满意度会非常高。如果觉得孩子的想法不切合实际，此时父母再以商量的口吻说出自己的看法，孩子也更容易接受。

尊重孩子的意见，也利于孩子遇事养成善于思考、善于动脑的习惯，会积极想办法解决问题。如果不尊重孩子的意见，一味控制孩子的独立思想，不但会打击孩子的自信心、自尊心，还会让孩子越来越懒于思考，他会不自觉地认为无论自己怎么努力，都会被爸爸妈妈否定。

◆给孩子留有足够的发挥天赋的空间

世界上没有两个完全一样的孩子，父母要了解并尊重孩子的个性特点及天赋，给他们自由发展的空间，让孩子的天赋得以最大限度的发挥。这时候就需要父母观察孩子的个性特征以及行为习惯，分析孩子的性格，发现孩子与众不同的天赋和潜质，然后根据孩子的天赋和潜质选择真正适合孩子的学习方法、成长道路以及未来可能会涉足的职业领域。很多父母随大流，盲目跟风。例如，邻居家孩子学拉丁舞，奖杯拿了一个又一个，父母就赶紧给自己的孩子也报一个拉丁舞班，结果孩子一点儿兴趣也没有，白花钱不说，孩子还满是抱怨。这就是不尊重孩子的天性，让孩子觉得自己完全没有自由的发挥空间，成长过程中，其主动性、创造力、创新思维等，很难被激发出来。

虽然父母给了孩子生命，但孩子是一个独立的个体，需要尊重，需要成长的空间，因此，父母不要将孩子当成是一个可以随意操纵、控制的布偶。

理解用共情诠释真爱

◆了解良好的共情模式

◆学会共情三句话："我想你很生气/难受/难过吧""你那么做，肯定有你的理由""我知道你并不想这样做"

很多时候，孩子总是不想跟父母好好说话，尤其是在父母不准孩子做某事或者否定他的某种做法时，在跟他摆事实、讲道理，道理讲得连自己都被感动时，孩子却表现出一脸的厌恶、嫌弃，最后还不忘丢下一句："真烦，唠叨！"此时的父母或者一脸疲惫、无奈，或者干脆用父母的身份粗暴地让孩子屈从。但不管怎样，父母此时都不得不承认一个事实——家长的权威被挑战了，在孩子的教育上已黔驴技穷！

一位11岁孩子的妈妈就曾面临这样的问题，抱怨说没办法和孩子沟通，只要自己一张嘴，孩子马上就提高嗓门说她唠叨。不过一次偶然的机会，她明白了与孩子之间的正确沟通模式。那次是她带孩子去上花绳训练课。路上，她发现孩子没带跳绳，就问他怎么回事。孩子说放学校了。她便开启了讲道理模式，说会不会弄丢，会不会被其他孩子拿走或者拿错。而孩子一如既往地不爱听，且一脸不耐烦地说："妈妈，你又唠叨，我都写名字了，大家的跳绳都放在学校里。"

听完孩子的解释，她马上意识到了问题，于是不仅肯定了孩子的做法，还向孩子诚恳道了歉。接着又小心翼翼地试探着和孩子沟通作业问题，问他是不是不需要监督了。没想到，接下来孩子非常理性地说他需要妈妈的监督，有了妈妈的监督，他能够很快将作业写完，而不至于拖到很晚，又累又困。不仅如此，一路上孩子都很开心地跟妈妈聊着他在学校的事儿，这在以往的很长时间里是完全没有的。

心理学上有个词叫"共情"，又叫作同理心、同感、移情、投情等，是人本主义创始人罗杰斯提出来的一个概念。按照罗杰斯的说法，共情指的就是体验别人内心世界的能力。也就是说，从他人的角度，设身处地地体验他人的感觉，对他人的情绪情感达到的感受力、理解力。

上面这位妈妈其实就是与孩子建立了共情，在意识到问题后，不但肯定了孩子的做法，还道了歉，让孩子感受到了被理解。

不过“共情”是一种要求很高的能力，因此，父母还要多掌握一些与共情相关的知识内容，其中就包括良好的共情模式。

与孩子建立共情，首先还需要了解共情的模式，通过这种模式与孩子相处，孩子更容易接受。我们用母子两个的对话举例来说：

孩子：每次跟你说话你都吼我，我都怕跟你说话了！

妈妈：听你这样说，我觉得你很沮丧，也有生气（情绪确认），你希望能跟妈妈更好地相处，好好地说话（理解），你可以试着说出你的感受，然后再试着听听妈妈的理由（建议），你觉得呢（询问）？

通过这种理解孩子、尊重孩子的共情模式与孩子交流，孩子基本上都愿意将自己内心真实的想法表达出来。

了解了共情模式，我们还要试着说好三句话，这三句话也可以看作是与孩子共情的几个小妙招。

◆第一句：我想你很生气/难受/难过吧

这句话也可以直接当作情绪确认，逐步打开孩子的心扉。

有位妈妈曾说过她女儿的一件事。女儿和班上一个同学非常要好，周末或者寒暑假期间，两个人总要约在一起玩儿。可是有天晚上放学回家，女儿却闷闷不乐，吃饭、写作业都非常安静，完全没了往常的活泼。

她试着跟女儿聊天，想要知道到底发生了什么，但女儿一直不愿多说。她耐心等到女儿写完作业，然后坐过去说：“我想这件事一定让你很难过，你愿意跟我聊聊吗？”

听她这样一说，女儿的眼泪刷地一下就流了下来，原来她和好朋友因一支笔吵架了，两个人表示以后再也不要做朋友了。

“你很珍视你们之间的友谊，因为友谊给你带来了欢乐，你真的愿意因为一支小小的笔就失去这份友谊、失去欢乐吗？”

女儿没有说话，但看得出来她在思索。第二天回家的时候，女儿一脸的愉悦，进门就跟妈妈说，她和好朋友又和好了。

在这件事中，这位妈妈并没有说什么大道理，却轻松化解了女儿的心事。

◆第二句：你那么做，肯定有你的理由

有位妈妈被儿子班主任叫去办公室，原因是儿子在上课期间打了同桌，严重影响了课堂纪律。当时这位妈妈非常生气，表示回家后一定要好好教训儿子一顿。班主任说她已经批评孩子了，回家后让妈妈不要动怒，问问孩子原因，并且让孩子以后不这样做就行了。

儿子放学回家后，妈妈强压着怒气，说她被班主任叫到学校了，儿子一听，马上便紧张起来。但是妈妈记着班主任的话，没有动怒，而是将儿子拉过来和自己一起坐下说："我想你在课上打同桌肯定有你的原因，对不对？"

听妈妈这么一说，儿子便将他打同桌的原因说了出来，原来是同桌三番五次地"骚扰"他，在课上动他的东西，还动手轻轻打他，他警示他之后没用，他才动了手。说完之后，儿子又说了两句话："妈妈，我知道课上打人不对，我以后保证不会再被叫家长了。"

上面这位妈妈没有粗暴地呵斥孩子，没有摆事实、讲道理，只是给了孩子一个说出心里话的机会，而这句话正是这个机会。

◆第三句：我知道你并不想这样做

一个即将上初中的六年级孩子，卧室、书桌还总是一片狼藉，为此没少受妈妈的吼。一天周末的上午，当妈妈再次进到孩子房间并且想要冲孩子发脾气时，她忍住了，而是心平气和地对孩子说："妈妈知道你其实并不想做一个邋遢的孩子，是不是？"这时候孩子转过头来看着妈妈说："谁想成为邋遢的人，谁让你总是吼我呢。我起初偶尔不收拾房间，只是因为平时上课再加训练太累了，你就吼我，还骂我懒。我还不愿意你帮我收拾呢，将我的东西放得乱七八糟的。"后面两个人的对话变得轻松起来，而孩子也开始自己收拾房间。

每个孩子产生的行为、情绪等背后一定有他的原因，父母此时就要站在孩子的角度了解孩子的内心，与孩子共情来理解孩子，这样，孩子自然能感受到父母对自己的爱。

以包容心参透爱养真谛

◆以奖代罚的“无错原则”

◆给孩子预留反思时间的“延迟反应”

◆区分“有意”还是“无意”

孩子穿衣服很慢，责备孩子一通……

孩子总是被周围的东西吸引而耽误去某地时间，责备孩子一通……

孩子在某种题型上总是出错，责备孩子一通……

在成长过程中，孩子犯错是难免的，但有的父母总是求全责备。在他们看来，孩子身上处处都是毛病，所以，只要孩子的行为不顺他们的心，马上就开始责备、呵斥。

心理学家认为，对孩子要求过于严格、求全责备的父母，很容易使孩子自我封闭，消极抵抗，这十分不利于孩子的健康成长。而父母对孩子的问题、错误等若能宽容忍耐，让孩子打开心扉一诉衷肠，许多错误反而会成为孩子成长为优秀者的良机。

放学后，一个男孩抢另一个男孩的足球踢，惹得这个男孩的母亲非常不快，拽着孩子便气呼呼回家了，并且还将整件事情说给孩子父亲听，说孩子这种行为实在丢脸。男孩的父亲看了一眼充满担心、害怕但又有些不服气的孩子后，走过去摸摸他的头并坐到他旁边说：“儿子，你是不是非常喜欢踢足球？”

“是。我今天报了学校组织的足球训练班，老师还说我有足球天赋呢。只是，我没有足球。”孩子说着，低下了头。

第二天，爸爸将一个崭新的足球放在了孩子面前，而两个星期后，孩子就当选为足球训练班的队长，之后又带领队员代表学校拿下了好几个大奖，小学还没毕业，学校就优先推荐孩子进入了全市最专业的足球学校。

案例中母亲的做法，很可能从此就埋没了一个足球天才，而父亲宽容的做法，恰恰成就了孩子。

在孩子眼里，父母就是他的天，妈妈笑了，天就晴了，爸爸怒了，天就塌了，父母对孩子的问题或错误若不够宽容，孩子就会变得小心翼翼、缩手缩脚，进而限制了孩子的思维力、行动力的发展。这是因为父母动怒时，孩子会调动所有情绪来害怕和抵触，而不能平静地反思自己的问题和错误，如此不但不利于孩子纠正错误，还容易让孩子形成逆反性格。其实，孩子犯错，此时最需要的就是一份包容，但是包容并不是纵容孩子犯错，更不是无原则地忍让，而是源于父母心中对孩子负责的爱。

有不少父母因为在教育孩子时屡屡受挫，家长权威一次次被挑战，于是干脆破罐子破摔，不管孩子，不与孩子沟通，任由孩子肆意妄为，想打游戏你就打，想逃学你就逃，反正未来的一切要孩子自己面对。然而这不是宽容，是不负责的行为，作为父母，对孩子就应尽心尽责，保持包容之心的同时，也不能放弃父母的职责。因此，面对孩子的问题、错误等，父母的包容还需要智慧，既让孩子认识到问题所在，又利于孩子成长。那到底该怎么做呢?

◆以奖代罚的“无错原则”

教育家陶行知先生在校任校长期间曾遇到过这样一件事：一个男孩拿泥巴正要打班上的男生，刚好被陶行知先生看到了，随即他便喝止了他，并让他放学后到他办公室去。放学后，孩子早早就来到校长办公室等着挨批，结果没想到校长将一颗糖果送到了他手上，原因是陶行知先生迟到了，而孩子却早早出现在了办公室。紧接着，陶行知先生又拿出一颗糖给孩子，说是因为他让他住手时，他马上就停下了。男孩既感动又后悔，连连说自己错了，不该拿泥巴打同学。

陶行知校长的教育方法实在高明，他这种“无错原则”、以奖代罚的包容，没有一句批评，没有一句指责，却深深触动着孩子的心灵，让孩子能心悦诚服知错。作为父母，也不妨学学陶行知校长的包容胸怀，认识到孩子是正在成长且尚不成熟的个人，要以客观、发展的角度发现和理解孩子的这些错误在某些方面所体现的价值，允许、容忍孩子犯错。当然，父母也不一定什么事都要以奖代罚，但一定记住要心怀包容，这样才有利于培养孩子完美的人格，让他们以健康心态去面对挫折。

◆给孩子预留反思时间的“延迟反应”

孩子犯了错，不要疾声厉色地训斥孩子，而是给孩子留一定的时间和空间，让他自己去反思，并将犯错的原因讲出来，并引导孩子改进。

曾有个学生因为和同学约好去玩儿，于是临出门前，妈妈问他作业是不是都完成了，他随口就说了一句完成了，结果晚上临睡前，他又忙不迭地继续写作业，原来他的作业并没有真的完成。妈妈有些生气，但是她什么也没说，一来，时间确实很晚了，不让孩子写完作业就会影响他休息的时间以及第二天上课的状态；二来，他想等孩子写完作业，听听孩子自己怎么说。而当孩子写完作业说起这件事时，他说：“妈妈，我撒谎确实不对，不过当时我和同学约的时间马上就到了，我不能让同学认为我是一个不守时、不讲诚信的人。下次我再遇到这样的事儿，我一定将时间分配好，提前将作业完成。”而妈妈呢，在听完孩子的叙述后，对他守时、讲诚信这点表示了赞赏，并且表示她相信孩子以后一定不会再撒谎，而且会合理分配时间，而孩子此后也确实是那么做的。

◆区分“有意”还是“无意”

不少父母肯定都抱怨过自家孩子太具“破坏性”，家里只要能拆的东西，基本上都被孩子拆开过，有些能按原样组装好，有些就彻底不能用了。但其实这些时候，都是孩子强烈的好奇心、试探以及自觉锻炼的表现，并不是蓄意破坏。

当然，像一些故意寻隙滋事、打架斗殴、骂人等不良行为，父母就要好好教育孩子了。

父母的包容，孩子其实是完全能感受到的，而在这种包容的爱之下，孩子更能清晰地认识到自己的错误，进而改正错误。

慢教养的哲学

◆不要只在意孩子眼前的成绩

◆心态要平和，不包办、不代替

◆别被潮流左右自己的教育理念

日常生活中，很多家长每天都在不停地催促孩子："快一点！快一点！"吃饭要快，穿衣服要快，走路要快，写做业要快……在孩子成长的道路上更是如此，有的孩子在幼儿园阶段就被家长带着上各种培优班，英语、奥数、作文……

有一位母亲，为了让自己的孩子赢在起跑线上，从孩子五岁起就同时报了六门培优班和兴趣班，周内晚上上英语、数学、阅读与作文，周末还有钢琴、书法、围棋。在三年级以前，孩子门门成绩都很优秀，可是到了四年级以后，孩子的成绩却开始下滑。

究其原因，是这样过早的大负荷学习，超出了孩子的接受能力，久而久之，孩子的精神极度疲惫，对学习也渐渐失去了自发探究的兴趣。低年级凭借记忆力和一定的知识储备尚可使成绩优异，但到了高年级以后，理解、探究等类型知识逐步增多，对学生的主动思考能力也提出了更高的要求，这样一来，只靠被动接受的知识能力就渐渐显出落后的态势来。

加速成长表面看来在短期内能看到孩子的巨大进步，似乎让孩子赢在了起跑线上，但实质上违背了孩子的自然生长规律，并不利于孩子的长远发展。并且，这种急功近利的快跑，缺乏一步一个脚印的坚实的成长根基支撑，很容易造成孩子的后劲不足。孩子的成长是一场马拉松，比拼的不是速度和爆发力，而是长久的耐力。如果一开始用力过猛，尽管在前半段会领先，但在后半段可能会因为气力耗尽而落后，甚至无法跑完全程。

基于这种"快教育"带来的弊端，著名教育专家张文质先生在《教育是慢的艺术》一书中提出：教育需要等待与耐心，要注重细节，教育要回归简单，回归自然，回归人性，不能急功近利，不能透支兴趣、爱好、天赋去拼人生，要让教育散发出快乐的"味道"。"教育是一个'慢活''细活'，教育的变化是极其缓慢、细微的，它需要生命的沉潜，需要深耕细作式的关注与规范。张质文教授的这段话，值得我们每位为人父母者深思"。

那么作为家长，我们怎样才能做到对孩子施行"慢教养"呢？

◆不要只在意孩子眼前的成绩

对于孩子的未来，我们要看得深远一些，不要仅仅把目光停留于孩子眼前所取得的成绩和结果上，而应着重于培养孩子良好的个性、完整的人格以及优秀的学习能力、独立思考能力等重大方面，这些才是孩子未来是否优秀、是否拥有强大竞争力的决定因素。

◆心态要平和，不包办、不代替

现在很多父母都有这样一种心理：孩子很小的时候样样出色，成绩好、多才多艺，就感到满足欣慰，反之则会心急如焚、焦虑不安，恨不能包办孩子的一切，代替孩子成长，让孩子一下子达到设定的目标。但实际上，孩子的进步是一个逐渐上升的过程，如果我们操之过急，不仅会让孩子手足无措，也会让他们失去锻炼和提高的机会。

实际上，孩子最重要的成长力量包括良好的学习能力、创造能力、想象能力、自制能力以及良好的习惯等诸多方面，不是一朝一夕就能养成的，我们一定要克服自己的急功近利心理，不要为孩子一时的止步不前或偶尔的退步过度焦虑，更不能因为着急就包办、代替孩子成长。

为避免陷入代替孩子成长的误区，我们可以对照以下几点自查，有则改之，无则加勉：

1.不要过分帮助孩子

孩子年纪小、能力正在成长中，做事费时费力，难免让家长看着着急。这时千万不要产生“还不如我来替你做”的念头，这样包办代替，久而久之，孩子的能力得不到锻炼，还能够进步吗？最好的做法是在一旁平心静气地守护，在必要时给予适当的提示和帮助。

2.不要代替孩子作决定

随着孩子慢慢长大，有了自主思想，有些决定就可以试着让孩子自己来作，如穿衣服的风格、买什么书、报什么兴趣班等，可能刚开始孩子的决定不一定正确合理，我们可以跟孩子讨论、分析，引导孩子作出最后决定。切忌什么事情都由家长做主，这样容易让孩子没有主见，没有独立的思想，这对孩子以后的学习和生活也不好。

◆别被潮流左右自己的教育理念

在很多家长群体里，让孩子从小学习奥数似乎成了一种潮流，但有一位孩子的父母不为潮流所动，坚持“保护孩子兴趣，不超前教育”的理念，虽然很早就发现了孩子的数学天分，但是在小学阶段，在别的家长都早早为孩子报了奥数班的情况下，并没有盲目跟风强迫她学奥数，到了初中才开始让她接触奥数，结果这个孩子对奥数非常着迷，“做奥数题就像玩游戏一样快乐”，最后在国际奥数比赛中轻松拿了大奖。

很多时候，我们之所以对孩子的成长感到焦虑和着急，归根结底是源于攀比心理，看到别人家的孩子都在报培优班、特长班，便担心不已、忧心忡忡，生怕自己家的孩子落后，于是想尽各种办法赶潮流，却没有从自己孩子的实际出发，看看真正适合孩子的教育方式是怎样的，孩子自身有哪些特点，然后针对孩子本身的差异性，因材施教，这样不顾孩子本性的做法，会伤害孩子的自然生长力，带来适得其反的结果。

教育是一项缓慢又长远的事业，需要我们有足够的耐心和毅力，一点一滴地付出心血，给予灌溉。俗话说：“欲速则不达。”著名作家卡尔维诺也有一句名言：“慢慢地赶快。”有时候，表面上的慢，正是实质上的快。慢教养的哲学，需要身为父母的我们，用心慢慢参透。

不乖的孩子也值得被爱

◆跨越认知鸿沟，解读并满足孩子的需求

◆给孩子“有度”的支持

◆做好孩子的引导者

怕孩子受凉，几次提醒后，孩子依然光着脚丫在地上走。

给孩子买来一大堆文学巨著，他不看一眼，却偏偏对几本已经快要翻烂的漫画书爱不释手。

经常被老师叫去办公室，只因孩子上课调皮捣蛋……

每每下班一回家，孩子过来帮爸爸妈妈拿过手里的包放好，对爸爸妈妈说声“辛苦了”，爸爸妈妈以及孩子脸上绽放出的发自内心的笑容，瞬间便让整个家庭充满了温馨、和谐与美好，父母在此时也确认自己足够爱孩子。然而，当遇到以上所述的情景呢？父母还能够对孩子温柔以待吗？恐怕很多父母在面对孩子成长过程中这些“不乖”“不听话”“叛逆”表现时，会采用最直接的“吓唬”“呵斥”。虽然这种方式看似有效，但孩子会生出很大不快，不但父母的权威感会失去，还会让孩子觉得自己最亲的人会“攻击”自己，这会让孩子缺乏安全感，产生心理阴影，长大后也易出现心理问题。

曾看过一位儿童成长专家的文章，他对乖孩子和不乖的孩子做了这样一个比喻，他说：“淘孩子像草莓，有问题马上就能从外表看出来；乖孩子像苹果，可能外表光鲜，小心里面生了霉。”所以，孩子不乖并不一定是什么坏事，他可以让你直接看到孩子的问题。

乖孩子一般都有一个共同点，那就是小时候表现乖巧，很少让父母操心，心理成熟比较晚，依赖性比较强。心理学上称这种现象为共生关系。也就是说，孩子和父母之间形成了非常紧密的关系，相互依赖、相互生存，谁都离不开谁。可孩子一旦面对挫折，就不知道该怎么办了。

同时乖孩子因为很容易得到父母的爱，因此会更显娇纵、缺乏责任感和独立性，生活中也更容易产生一些消极想法，长大成人步入社会时更容易迷茫无助。这从现在不少大学生毕业即失业的现象就能看出一些端倪。经研究发现，毕业即失业的大学生很多是在父母的各种“安排”下成长的，缺乏独立思考能力，所以步入社会会显得茫然无助。

而不乖的孩子一般情商都很高，人际交往能力非常强。也因为淘气，经常会被家长和老师批评，甚至打骂，因此他们具备很高的逆商，在面对挫折时更积极、更“皮实”，心理也更健康。

从心理学的角度解释孩子的“淘”“皮”，则是具备很独特的气质性格特点，所以，淘气、皮、不乖的孩子，大多数思维更活跃，想法更简单，性格外向，更善于表达。这些无疑都是值得培养的优良品质。

所以，不乖并没有什么不好，只是在不乖的孩子面前，父母需要更用心地去认知、解读、支持和引导孩子，让孩子一步步朝着良性发展的趋势成长。

◆跨越认知鸿沟，解读并满足孩子的需求

年轻的一辈如果和年长的人沟通不顺畅时，就会调侃说双方之间有代沟，其实父母和孩子之间也存在认知上的差距，所以，若父母用自认为比较合适的方式满足孩子的需求时，往往不会使孩子满意，此时孩子就表现出所谓的“不乖”。例如，有的妈妈小时候非常喜欢玩儿跳皮筋，大家在一起跳皮筋非常开心、快乐，所以就希望自己的孩子也跳皮筋。可是现在的社会，孩子们对跳皮筋这项娱乐活动可能没多大兴趣，他们更喜欢去游乐场玩旋转木马、玩蹦床等。还有些父母小时候家庭条件比较差，所以尽一切可能让孩子物质不匮乏，一心想着用金钱买东西来满足孩子，可是孩子若不懂感恩，或者不喜欢父母买的东西，只是想要父母多陪伴自己，父母就非常失望，认为孩子不乖。

原本父母觉得自己已经倾尽所有在爱孩子了，可孩子还是感受不到父母的爱，多是因为父母在用自己的方式去爱孩子。

◆给孩子“有度”的支持

孩子不乖、叛逆，最好的方式就是给孩子支持。父母应该尽量支持孩子的自主探索，给孩子更多了解世界、探索世界的机会，不是一味遏制、控制，当然，支持孩子要有限度、有引导性。例如，现在的孩子基本上都会玩游戏、上网，无疑，通过网络孩子能够了解更多生活中接触不到的事物，也能了解更多知识，很多学校、老师也通过网络与家长、孩子沟通，并给孩子留作业等，但这里的网络仅限于利于孩子成长的，而对网上不良的信息、长时间上网或者沉迷于游戏等现象，父母就非常有必要干预制止了。当然这里的干预也要有度、有方法，尽量不“一刀切”。

◆做好孩子的引导者

据资料显示，美国人的职业生涯教育从6岁就开始了。美国的国家职业信息协调委员会早在1989年就发布了《国家职业发展指导方针》，该方针提倡规划职业生涯教育要从6岁开始，并按照小学、初中、高中以及18岁以后，将不同时段的人群划分为不同职业分工，并要求孩子学会对自己的兴趣、专长、特点以及能力等有比较清晰的"自我认识"，而此时的"自我认识"与父母的引导分不开。这也是孩童需要启蒙老师、研究生需要导师的原因，对于未知的领域，父母需要牵着孩子的手去了解。

引导也要讲究方法，一般比较提倡引导式提问，用选择法让孩子二选一，既能给孩子锻炼思维的机会，又能避免孩子不乖、吵闹。

快乐比优秀更重要

◆ 让孩子完整成长，而不是完美成长

"考试成绩怎么样，有没有考满分呀？"

"你作业写完了没有？没写完先不要去玩了！"

"你学过的课程复习了没有？"

……

现在家庭中的大部分父母，每天问孩子最多的可能是"你作业做完了没有"，很少有父母问孩子"你今天过得快乐吗"。孩子考了高分，父母喜上眉梢，肯定孩子的表现，认为孩子下了功夫；相反，孩子分数下降，父母就会觉得孩子没有好好学习，不争气，没出息，甚至连带着在道德品质以及行为习惯方面也被贬低。如今，大多数家庭都是一个孩子，又加上社会竞争压力加剧，父母都不想让自己的孩子输在起跑线上，于是从幼儿园一直到高中毕业，父母都在不惜人力、财力地对孩子加紧文化课程的督促，或许父母也没错，毕竟社会价值观如此。

然而，在这种功利化以及单一化的评价体系下，孩子们肩上的负担更沉重了，甚至被压得喘不过气来，还会出现“交朋友要看成绩”“成绩好才是好孩子”等荒谬的想法和行为。分数虽然提高了，但是情商以及心理方面的教育，孩子却严重缺失。而且现如今孩子的心智越来越成熟，行为做法也越来越老到，而这些又何尝不是父母为了让孩子变得优秀，给孩子框定了太多并不符合他们小小年纪的规矩所致呢?

孩子每天都要按照大人要求的方式生活，很少和同龄人一起玩耍，渐渐地，孩子的语言风格、思考方式越来越成人化，虽然看起来懂事、聪明，却丢失了几乎所有的童年乐趣。

教育理论家周贝隆先生曾指出：“足够的闲暇、玩耍，不但是青少年享有美好童年和青春的天赋权利，也是现代教育的特点。”天真无邪、无忧无虑的童年，是孩子成长中不可缺少的一部分，父母不应将自己的功利心让孩子去承载，而应当放飞孩子的心灵，让孩子真正拥有一个七彩童年。

有记者曾采访美国总统杜鲁门的母亲，问她是否会为当总统的儿子感到骄傲和自豪，她说，她的确为当总统的儿子感到骄傲，但是她同样为在乡下种土豆的儿子感到骄傲。人的能力和喜好不同，但是快乐无异，我们不妨借鉴杜鲁门母亲的做法，在每天催问孩子学习情况的同时，问问他是否过得快乐，让孩子明白，人的一生，拥有阳光般温暖的快乐比什么都重要。

那么怎样才能让孩子在学习成长的过程中拥有快乐呢?最好的一点就是让孩子完整成长，而不是完美成长。

◆让孩子完整成长，而不是完美成长

孩子如何完整成长呢?不是单一的为考高分，不是非得要优秀、要成功。完整是多元化的发展，不仅仅是给孩子灌输知识，更重要的还在于支持孩子，帮助孩子，让孩子能够拥有自然发展的机会。

人生每个阶段都会有不同的经历，留下不同的精彩，教育也是一样，在每个不同的阶段，也有不同的主题。

总想着让孩子优秀，成为天才，就会让孩子失去天真，泯灭孩子的好奇心及对外界事物的兴趣。想要遵循孩子的成长规律，让孩子拥有天真、好奇和兴趣，父母还要做到以下两点。

一是不要给孩子设定身份，不要将他们设定为奥数天才、绘画天才、设计天才等，也不要过早地让孩子背负太多的责任。有的家庭有了二胎，此时父母为了教育孩子，可能就会说作为哥哥（姐姐）要多照顾弟弟（妹妹），在反复强调这种身份后，孩子就会生出“我是哥哥（姐姐），我长大了，我就得照顾弟弟（妹妹）”的使命感。包括各种天才身份设定也是一样。有了这种使命感，哪里还有什么天真、好奇、兴趣可言呢？

二是对孩子的成长不要过于干涉，只要不犯错误，孩子健康快乐、无忧无虑就行，天才与否，优秀与否，不要过多考虑，最为重要的就是让孩子拥有父母的爱，同时还能自由生活，处在开心、纯真的生活状态中。在这种环境下成长的孩子，就算将来成不了天才，也会在各自的领域中有不错的收获。

每个孩子都有自己成长的规律，作为父母不应去破坏它，一味要求孩子优秀，一个人成长得太快，很多东西反倒会失去，我们不妨多给孩子一些自由，让孩子健康快乐且慢慢地长大。

第二章

接纳：像接纳自己一样接纳孩子

无论孩子是否优秀，无论孩子是否俊美，无论孩子是否健康，我们都要像接纳自己一样接纳孩子：接纳孩子的优点，接纳孩子的缺点。接纳孩子，就是对孩子最大的认可，孩子会由此获得成长最大的动力。

无条件接纳&有条件接纳

◆无条件接纳孩子，有条件接纳孩子的行为

◆无条件接纳孩子的情绪，有条件满足孩子所求

◆无条件接纳孩子的个体差异，有条件进行赞赏

孩子：“妈妈，你为什么爱我呀？”

妈妈：“你认为呢？”

孩子：“是因为我学习好。”

妈妈：“不是。”

孩子：“是因为我长得好看。”

妈妈：“不是。”

孩子：“是因为我乖巧懂事听话。”

妈妈：“也不是。妈妈爱你，只因为你是我的孩子！”

简短的一则对话，却简洁明了地说出了父母对孩子无条件的爱、无条件的接纳。我们常常发现身边有些人，不管面对怎样糟糕的恶劣环境，依然相信自己。这类人，并不是什么天赋异禀，但肯定是从小被父母无条件接纳的人，他们的自信来源于父母，且已经刻到了骨子里，有了这种自信，就像拥有了人生的幸运符一样。

“无条件接纳”孩子，父母都不会陌生，它是尊重孩子的身心发展规律，根据孩子所处的发展阶段接纳孩子当下状态的一种爱。在心理学家看来，“接纳”是父母需要具备的基本理念和态度。

1.被父母无条件接纳的孩子，抗挫能力更强

被父母无条件接纳的孩子，在遇到挫折时，不会抱怨、自卑、一蹶不振，而是会坦然接受、理性面对，积极寻求解决问题的办法。在人生路上，挫折、困难

会让他们越挫越勇。

2.被父母无条件接纳的孩子，心态更乐观

被父母无条件接纳的孩子，在父母眼中没有“学习好、乖孩子、不打架”或者“学习差、逃课、爱惹事”等好与不好的标准，他们会因为得到了父母无条件接纳的爱，情绪和心态而处于乐观的状态中，有了微小的进步他们会感到快乐，有了较大的进步，他们会感到幸福，这是孩子成长过程中，最为理想的积极心理状态。

不过，很多父母也有疑虑：总是无条件接纳，孩子岂不没有一点儿规矩、无法无天了？岂不会成了溺爱、让孩子过于以自我为中心？岂不会让孩子经不起一点儿挫折、听不进批评与劝诫？

其实父母有这些疑虑很正常，也想到了无条件接纳孩子的核心问题了，在这里我要对大家说的就是：无条件接纳孩子并不代表无原则纵容孩子！那到底该怎么做呢？父母不妨借鉴以下几个方面。

◆无条件接纳孩子，有条件接纳孩子的行为

父母无条件接纳孩子自身，但得对孩子的行为进行约束，给孩子立规矩，让孩子明白哪些事情可以做，哪些事情不能做，不过在立规矩时，要注意以下两点。

1.不能限制孩子

立规矩并不是限制孩子不能做什么，而是让孩子有更多能做什么的选择，就是说，要明确告诉孩子，他可以做什么。

2.让孩子享受自由

谁都不愿意被限制在某个空间内，有种被禁锢感，谁都想享有自由，孩子也是一样，在给孩子立规矩时一定要考虑到给孩子自由的空间。

立规矩少不了“可以/可以/不可以”这样的逻辑。例如你不允许孩子玩儿手机（不可以），那么你就要给孩子设定他可以玩儿的活动（可以）；如可以让他去户外与同学一起玩儿，这样孩子就不会感到被规矩禁锢，且能在你给他立的规矩里享受到最大的自由，他才会情愿去守规矩，不会肆意妄为、无法无天。

◆无条件接纳孩子的情绪，有条件满足孩子所求

无条件接纳孩子的情绪，并不代表无条件满足孩子所有要求。每个孩子都有

自己的情绪，父母要允许孩子表达自己的情绪，同时要理解孩子的情绪。例如父母带孩子去超市，孩子看到奥特曼吵闹着要买，但是家里已经有多个一模一样的奥特曼了，父母肯定不会再给孩子买，但孩子大发脾气、又哭又闹，此时父母就要理解孩子的确想要买奥特曼，不给他买他会觉得受了很大挫折。这时候父母不妨去抱抱他、拍拍他，告诉他你明白他的感受，等孩子平静后再跟他沟通为什么不再买奥特曼。

如果孩子总是为得到某件东西而大哭大闹，父母在保持温和而坚定的态度下，更要坚持原则，让孩子知难而退，这样孩子就不会以哭闹为手段，胁迫父母让步了。

◆无条件接纳孩子的个体差异，有条件进行赞赏

无条件接纳孩子的个性差异，接纳孩子独特的个性特点。每个孩子都是独一无二的，父母要根据孩子独有的特点研究教养方式。如孩子性格外向活泼，感情丰富，善于表达自己，特别憧憬快乐的东西，但若父母的教养方式是凡事都讲条理、讲逻辑，且喜欢啰唆，无疑会将孩子的热情扼杀。

无条件接纳孩子的个性差异，并不是不切合实际、无原则地肯定和赞赏孩子。还要有个性，但同时都是有所长也有所短，在孩子擅长的领域内，父母着重引导并让孩子得以发展，但没必要在所有领域，尤其是孩子不擅长的领域内鼓励、肯定和赞赏孩子。这样在孩子成长过程中，会渐渐明白并发现自己的优势和劣势，当在一些方面不如别的孩子的时候，他也不会自卑，因为他知道他擅长的是什么，知道自己是一个有价值的人。

别轻易给孩子贴上负面标签

◆ 贴“后天属性”标签

◆ 标签要保持一致性和一贯性

◆ 给孩子贴“正面”标签

“我们家孩子从小就胆小，在课堂上连话都不敢说。”

“我们家孩子从小就挑食，不爱吃蔬菜，就爱吃肉。”

“我们家孩子太懒了，从小就宅，不爱出去和小伙伴儿玩儿。”

……

如果你恰巧经过宝妈扎堆的地方，一定会听到这样的对话。很多做父母的，喜欢给孩子贴上某个不好的标签，例如“笨”“懒”“没出息”“没希望”等。可家长们或许还不知道，一旦给孩子贴上标签，想要撕下来就没那么容易了，有的甚至一辈子都撕不下来。

被贴上负面标签后，孩子就会让自己的行为与这个标签相贴合，这就是心理学上的“标签效应”。孩子是在不断犯错中成长的，有些错是天性使然，如淘气、好动等；有些是因探知未知领域的好奇心驱使。如果因此就给孩子贴上某些标签，孩子很容易会不自觉地趋近被划定的类别。

有个男孩，幼儿时就好动，家长和幼儿园老师都说他有多动症。上小学后，每次上课都坐不住，老师问他为什么，他直接回答说自己有多动症。其实这孩子并没有多动症，幼儿时期因为好奇心的驱使，什么都想了解，自然不容易安静下来，但因此给孩子贴上“多动症”的标签，就让孩子接受了这个“标签”，他的行为也越来越向“标签”靠近了。

年少的孩子对很多事物、现象没有自己的正确判断，是非、黑白多是从父母和其他长辈那里得知的。在他们眼里，家长最具权威性，家长说什么就是什么，往往家长给贴的标签，孩子就会直接“领受”了。有句话说得好，“说你行你就行，不行也行；说你不行就不行，行也不行”。就是说，当一个孩子被父母说“笨”、说“懒”时，他就会认为自己是笨的、懒的，从而慢慢对自己失去信心，事事都懈怠。或许有些话并非出自家长本意，只是随口一说，但就是这些看似很随意的话，很可能会否定孩子某些本该优秀的品质和出众的能力。

当然，凡事都有两面性，负面标签不利于孩子成长，积极的正面标签多给孩子用还是可以的，而且用得好还会让孩子更自信、勇敢、阳光、开朗。当然，这种标签要贴得恰到好处，作为父母的你需要注意以下几个方面。

◆贴“后天属性”标签

家长给孩子贴标签时，有一点要特别注意，那就是给孩子贴“后天属性”的标签，一定要避免“先天属性”的标签。

给孩子贴“后天属性”标签，其实就是鼓励孩子的成长思维。孩子能够专心学习，就要适时夸赞孩子专注力强；孩子在帮助他人时，就要将孩子热心、助人为乐的优良品质说出来；孩子不用家长叫，就主动起床上学，或者自己主动写作业、洗澡等，可以夸奖孩子自律性、自制性强等。只有经常将这些真实存在的标签贴在孩子身上，孩子才能自然地追求卓越，并取得更大进步。

◆标签要保持一致性和一贯性

对孩子的评价，家长不能随意，不能今天对他的某种行为加以肯定和褒扬，而第二天就变成否定和贬低。这种前后不一、随心所欲的评价会让孩子无所适从，慢慢地，教育引导就失去了权威性。另外，父母双方间也不要有分歧，避免出现父亲肯定、母亲否定的不一致评价。其实，像父母对孩子的评价不一致的情况在现代家庭中很常见，尤其是父母双方教育理念不同的家庭。例如，有个孩子英语成绩很好，妈妈说他将来肯定能出国留学深造，甚至在国外生活；可是爸爸不但不肯定，还说孩子和妈妈都是崇洋媚外的表现。这种父母评价不一的现象会导致孩子认识模糊、观念混乱。

◆给孩子贴“正面”标签

心理学教授理查德·米勒针对五年级学生做过一个实验，他把学生分为三组。第一组学生，他贴上了“整洁”的标签；第二组学生，他给予了他们保持整洁的口头要求；第三组学生作为参照组，对他们没有任何要求和暗示。结果，被贴上“整洁”标签的第一组学生，表现最为整洁。

关于给孩子贴“后天属性”标签，我们说到了要贴真实存在的标签，不过这些标签都是正面的。如果孩子在一些行为或习惯上已经偏离了你的预期，如有的孩子爱说谎或者有的孩子胆小，这时候你肯定不能说他们是爱说谎或者胆小的孩子，而是给他们贴上“诚实”或“勇敢”的标签，经过一段时间，他们就会活成标签描述的样子。这也就是上述理查德·米勒教授实验的结果体现，也就是给孩子贴适当的“正面”标签，激发出你想要的特质。

贴标签对孩子的“自我认同”影响很大，所以，即使给孩子贴“正面”标签，也要注意以下几点：

1.将坚持作为贴标签的重要依据

孩子都希望父母能肯定自己，但为了父母的肯定、表扬等，有些孩子可能会刻意或违心做一些事情，并不是发自真心。例如，孩子非常积极地帮妈妈做家务，在得到妈妈的肯定和表扬之后，就再也不做了。此时父母要关注孩子是不是坚持做某事，并且将坚持作为给孩子贴“正面”标签的重要评判依据，在看孩子行为结果的同时，更要看清他的动机。

2.根据完成程度贴标签

给孩子贴标签、肯定孩子，要根据孩子的完成程度来定。例如，孩子帮妈妈刷碗，孩子是仅象征性地用水冲了碗，还是将碗洗得干干净净。象征性地冲冲，只能说孩子“做了”，而将碗刷得干干净净，说明孩子“做到”了。如果不分完成程度，将这两种行为的孩子都贴上“勤劳”“替父母分担家务”的标签，那么象征性刷碗的孩子每次都会糊弄了事。

优点缺点都是特点

◆不要将孩子的特点当缺点

◆用辩证思维看待孩子的缺点

人无完人，只要是人，就有优点和缺点，但不管是优点，还是缺点，都是特点，孩子也是一样。

从心理学角度来看，世界上没有绝对的优点和缺点，尤其是孩子，到底孩子表现出来的特点是优点还是缺点，这与我们内心自主判断结果有很大关系。

有一位妈妈去参加儿子的家长会，会上班主任老师让每位到场的家长罗列十条有关孩子的优点，可是这位妈妈竟然一条优点也没有列出来。当老师拿到她的表格时感到非常惊诧，因为在她的心里，这位妈妈的儿子在班里的表现虽然不突出，但也没有多差，只是不太爱和同学交流。后来她问这位妈妈，难道她心里儿子就真的没有一点儿优点吗？这位妈妈说：“如果让我罗列他的缺点，可能十条都不够，可是优点，我真没从他身上看到什么。”

案例中的妈妈显然过于看重孩子的缺点了，完全看不到孩子的优点，或许在班级里，孩子不愿意跟其他同学交流沟通，与得不到妈妈的肯定和认可、内心有自卑感是分不开的。

从哲学角度来讲，优点和缺点，放在不同情景下，可以相互转化、相互替代的，没有绝对的优点，也没有绝对的缺点。今天的优点，可能就是导致明天失败的缺点；今天的缺点，也可能会成为明天成功的关键。所以，父母要辩证地看待孩子的优缺点，并且以下几点还需要各位父母注意。

◆不要将孩子的特点当缺点

在孩子成长过程中，父母要分清哪些是孩子的特点，哪些是孩子的缺点，尊重孩子的成长规律。

其实在成长中，孩子的许多表现都是特点，而不是缺点，父母在教孩子的时候要多些耐心，秉承“三分教、七分等”的原则，等待孩子长大。不少父母可能对孩子的特点表现得比较着急，甚至焦虑。其实，父母的焦虑对孩子的成长没有一点益处，反而会引起孩子的负面情绪，加重孩子的心理负担。所以，分清孩子的特点和缺点还是很重要的。

分清孩子的特点和缺点

每个人都有自己的特点，有些特点本身就属于优点，如有的孩子很善良、有爱心等，内向、胆小、不爱运动等，这些都是特点。父母要了解孩子的特点，然后根据孩子的特点，并基于孩子的优势加以引导，进而挖掘孩子身上的无限潜能，让孩子得到更好的发展。

“行有不得，反求诸己”，父母是孩子的榜样，需要孩子改正和纠正缺点时，父母首先要有自我反省的意识，想一想是不是自身出了什么问题。父母和孩子互为镜子，从对方身上折射出来的问题就是自身的问题。

◆用辩证思维看待孩子的缺点

缺点和优点是辩证统一的，没有明确的分界线，缺点的另一面就是优点。有的孩子不太愿意接受别人的意见，但他可能具备较强的创新意识；有的孩子做事磨蹭，但是却认真细致。所以，父母要看到孩子缺点背后体现出来的优点，并对这些优点进行潜移默化的影响。

而在孩子的诸多缺点中，父母要特别留意以下几点，所谓的孩子缺点，长大后，这些缺点很可能会成为助力孩子优秀的点。

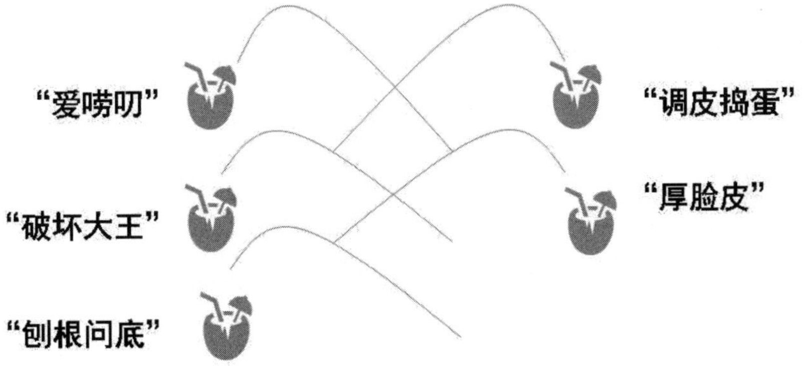

可能会成为助力孩子优秀的缺点

“爱唠叨”“小话痨”，是孩子对事物产生好奇的表现，也是孩子逻辑思维突出的表现，可能孩子经常会不分场合地缠着父母“唠叨”，对这个“缺点”，父母要加以引导，不要影响他人就好。

“破坏大王”，首先是孩子好奇的表现；其次，搞“破坏”时，父母不要制止，只对孩子提一点要求：就是怎么拆掉的，再怎么装回去，这样不但能锻炼孩子的动手能力，还可以锻炼孩子的思维能力和独立思考能力。

“刨根问底”的孩子，会让有些父母认为孩子太较真儿，但这恰恰表现出孩子爱动脑筋、想象力丰富的优点。

“调皮捣蛋”的孩子就显得更招人烦了，不过相比于过于乖巧的孩子来说，这类孩子更聪明，思维更活跃，只稍加用心，很快便能将一件事做好。

“厚脸皮”的孩子做事总是理直气壮，在接受批评或者其他说辞时不觉得害羞，很多家长担心孩子长大后会变成赖皮，其实这是孩子做事不受他人影响、专心致志的表现。这样的孩子稍加引导，孩子可以明辨是非，且长大后很可能会成为对生活充满激情与自信的人。

优点和缺点是相对的，在孩子成长过程中都是孩子的特点，父母认识到孩子的这些特点，然后加以引导，对孩子的成长都能起到积极作用。

贪玩的孩子不该被嫌弃

◆培养孩子的学习兴趣

◆引导孩子的特长和优势

有些孩子平时并不淘气，也不会给父母惹是生非，就是一味贪玩，为此，父母很担心孩子将来的前途，甚至嫌弃孩子，不过，父母应正确看待孩子的贪玩。因为贪玩的孩子在加以引导后，更容易具备以下一些特点。

1.贪玩的孩子更容易成才

“游戏是儿童的天职，玩耍是孩子的事业”，贪玩中包含着孩子对未知世界的追求以及对人生乐趣的渴望，对周围的事物有浓厚的兴趣。其实很多例子都证明，小时候贪玩的孩子，长大后只要走正道，都能像贪玩一样对工作抱以极大热情。例如莎士比亚，小时候就很贪玩，他的才华很大一部分就来源于他小时候极其喜欢玩儿、喜欢亲近的自然。

2.贪玩的孩子聪明

生物心理学家马克·罗森茨威格用小白鼠做了一个实验：他将一批素质一样的小白鼠任意分为三组：第一组关在铁笼中喂养，第二组关在光线昏暗、三面不透明的笼子里，第三组被关在光线充足、玩耍设备齐全的大而宽敞的笼子里，其中有秋千、滑梯、木梯等各种玩耍的设备和“场所”。

几个月以后，第三组的小白鼠最贪玩，而第二组的最乖巧。而接下来，马克·罗森茨威格等人对小白鼠进行了解剖，发现第三组小白鼠的大脑皮层在厚度、细胞大小、蛋白质含量等方面，都要强于其他两组，而最后的结论就是：第三组的小白鼠因为有充分的玩耍空间，也有充分的玩耍时间，所以大脑比其他环境下发育得更好，也更聪明。

孩子也是一样。其实孩子在玩耍的过程中，会产生愉悦的情绪，这种情绪能够激发和调动大脑神经的高度活动，由此更利于孩子大脑的发育，也有助于孩子的智力发展，对技能提升也有助益。

3.贪玩的孩子各方面能力更为突出

玩耍，可以满足孩子的欲望，能激发孩子的求知欲、好奇心以及探索精神，更重要的是，孩子一般都要和小伙伴一块儿玩耍，这对他们与人相处、合作等社交能力的培养又能起到帮助作用。而且贪玩的孩子性格一般都开朗乐观、具有幽默感、富有想象力、创造力和冒险精神。

所以，孩子贪玩，并不一定就是坏事，父母不要嫌弃，而应该正确引导，在培养方式上下功夫。那么，到底要如何引导呢？以下几点还需要父母注意。

◆培养孩子的学习兴趣

父母要培养孩子浓厚的学习兴趣，让孩子自觉学习，因为贪玩的孩子只要对某个知识点产生了浓厚兴趣，他就一定要将它搞定，会做认真分析研究。

1.让孩子享受学习中成功的愉悦感

父母多费点儿心，在孩子学习过程中发现亮点，并让孩子体会到成功的快乐。例如孩子在解一道实际应用题，这道题步骤很多，孩子在一番思索以及认真解答后终于解出了这道题，此时父母就可以将此作为亮点，对孩子进行表扬，孩子就能感受到成功以及愉悦，对学习不会产生反感。

2.不断提出质疑让孩子思考并解决

思考往往是伴随质疑的，质疑是孩子创造的起点，也是动脑思考的结果。在孩子学习中，父母不妨有意识地提出一些质疑，让孩子去发现问题，并通过自己的思考解决问题。

3.设计不同形式巩固孩子所学知识

孩子完成家庭作业，目的是巩固课上所学知识，所以，在孩子完成家庭作业后，父母不妨作为学生，让孩子当老师上堂课，这样不但能激起孩子的学习兴趣、巩固知识，还能锻炼孩子的表达能力。

4.有意识给孩子找一个爱学习的玩伴

给贪玩的孩子找一个爱学习的小伙伴，就等于给他找了一个榜样，因为贪玩的孩子仿效性也是很强的，若好朋友学习很好，学习也很主动，那么他就会产生希望学习好的内在动力。

◆引导孩子的特长和优势

贪玩的孩子也有特长，父母在发现孩子的特长后，就要引导他发挥特长。例如，贪玩的孩子每次从外面回家之后，马上会拿起一本小说阅读，读完之后还会和你分享他的心得体会。这就表明孩子在阅读以及语言天赋上显优势，你不妨多给他买一些他感兴趣的书，并给他报名一些阅读、写作大赛等，还可以让他学学播音主持等。

如何发现孩子的特长和优势所在，我们将在后面的章节中详细介绍。

看过以上叙述，相信很多父母开始感叹贪玩的孩子也没有那么让人讨厌，只要多些耐心，多加引导，孩子一样可以很优秀，而且更容易变优秀。

孩子爱发脾气怎么办

◆接纳孩子的情绪

◆鼓励孩子将内心想法表达出来

◆促进孩子的理智脑发育

有些孩子脾气很大，这让父母很是担心，小小年纪就这么大脾气，长大后还了得。其实，孩子发脾气并不是什么坏事。

有句话说得好："情商低的大人，是因为小时候没哭够。"这句话的确有一定道理，小时候常发脾气，是一种健康的沟通方式。儿童心理学者黛博拉·麦克纳马拉博士说："让孩子将脾气发泄出来，而不要试图阻止孩子发脾气。发脾气本身是无害的，阻止发脾气才是。"眼泪中含有皮质醇和应激激素，流眼泪，其实就是在释放压力。有研究表明，适当流眼泪，可以降低血压，让心理状态更平和。

有的父母可能会发现，在家里经常发脾气的孩子，一到外面就"秒怂"，很少再发脾气，其实这体现了孩子控制情绪的能力。《倾听孩子》的作者帕蒂·惠芙勒说："孩子喜欢在家里表达全部情感，是因为在家里他能被倾听和理解。孩子被理解得越多，以后在外面他就会表现得越好。"孩子信任家人，知道家人能理解他，所以他在家人面前毫不掩饰自己的情绪，而在外面他却会表现得很好。

帕蒂·惠芙勒说："当孩子不能再专注一件事时，通常是有情绪上的阻碍。"有些孩子发脾气，是因为没能达到某个目的感到沮丧，发完脾气，他会厘清思路重新再来，这体现了孩子的执着和专注。例如孩子学骑自行车，练了一次又一次，就是歪歪扭扭骑不好，孩子一沮丧，就发脾气不练了，但等发完脾气，他依然会去练习，直到骑得稳稳当当为止。

有些孩子的想法和诉求没有得到理解或肯定，而他又不甘做受人指使的"木偶人"，所以才用发脾气的方式来对抗，这样的孩子更有主见，且独立意识也强。比如，有的父母在孩子上学时反复强调甚至强制性让孩子多穿衣服，而孩子很清楚他在学校的冷热感觉，哪怕对父母发脾气也不穿，即便最终拗不过父母，到学校后，父母给拿的外套也被他放在一边不穿。

孩子发脾气虽然有诸多好处，父母应该放心，凡事都有度，父母不能任由孩子发脾气，还得引导孩子表述自己的内心想法，尽量避免通过发脾气的方式来表达。若想做到这些，父母还需要做好以下几点。

◆接纳孩子的情绪

面对孩子的脾气、冲动行为，最忌讳的就是父母更加愤怒，此时绝对不是争辩谁对谁错的时候，首先要接纳孩子的情绪。

有个孩子花了几天的时间终于将乐高拼搭起来，就在他兴冲冲地想要向爸爸展示他的成果时，爸爸却因为忙于工作一时没能起身去看，结果孩子气冲冲地将电视打开并放到很大声，严重影响了爸爸的工作，爸爸提醒他声音小点儿，他还大声反驳说他就喜欢大声看电视。后来爸爸才意识到是因为自己没顾虑到孩子的感受，让孩子受到了冷落，他没有大声吼孩子，而是等孩子平静下来后，向孩子道了歉，并且让孩子带着自己欣赏了孩子的劳动成果。

像案例中的孩子发脾气，就是为了引起爸爸的关注，并向他表达自己的不满。而爸爸的做法非常值得肯定，不但接纳了孩子的情绪，还理解了孩子，最终两个人自然以轻松愉悦的氛围收场。

◆鼓励孩子将内心想法表达出来

国家二级心理咨询师范葳老师曾说：“很多时候，孩子的愤怒，是在向我们释放一个信号，我们需要读懂孩子愤怒背后的潜在表达。”孩子发脾气，一定是他有自己的想法没有表达出来，此时父母就要鼓励孩子将内心的想法表达出来。具体方法后面的情绪引导中我们会叙述。

◆促进孩子的理智脑发育

孩子发脾气与其大脑发育不均衡也有关系，20岁以前，理智脑跟不上情绪脑的发育，小学阶段的孩子大脑还在整合阶段，理智脑还没办法完全控制情绪脑。不过，父母可以帮助孩子促进理智脑的发育。

心理学研究发现，人的情绪不是来自事件本身，而是来自对这个事件的看法。因此，促进孩子的理智脑发育，在孩子发脾气后，父母还要引导孩子做好以下几方面工作。

1.描述情绪

孩子发脾气时，向孩子提出一些引导性的问题。上文爸爸和儿子的案例中，当爸爸意识到儿子在生气后，可以问他“你现在是什么感受”“你在生气吗”“你想要做些什么呢”……孩子若回答爸爸的问题，他就可以描述他的情绪了，这样不但有利于孩子平静下来，也有利于孩子认识情绪，并说出情绪背后潜在的需求。

2.分析情绪

孩子对情绪进行描述后，父母可以引导孩子想一想情绪到底是怎么来的，对情绪进行分析，有助于孩子消除负面情绪。如“你为什么突然将电视放这么大声呢”“你为什么要生气呢”“你是觉得爸爸没有理你吗”……孩子一般都会回答问题，然后父母在表示理解后，孩子会变得更加平静。

3.反思情绪

在经过描述、分析情绪之后，再对情绪进行一番反思，可以帮助孩子控制情绪，理智慢慢地便能战胜情绪。还是以上文中爸爸和儿子的案例来说。

爸爸：“如果我现在就停下手中工作，你也把电视关掉，那咱俩之间的问题能解决吗？你会高兴吗？你还愿意带我去看看你拼搭的乐高吗？”

儿子：“当然。我会高兴，我愿意。”

爸爸：“但是，你刚才生气，爸爸也非常难受，如果刚才你稍等一下爸爸，等爸爸把手头的工作忙完，你是不是就不会像刚才这么生气了呢？生气解决不了问题，爸爸很爱你，你几天坚持不懈努力的结果，爸爸也一样期盼能看到呢。”

儿子点点头，他已经能体会爸爸的感受了。

简单的三步，其实是对孩子的心灵进行了一次按摩，同时也能够促进孩子理智脑的发育，让孩子懂得遇到问题时要善于分析，避免一遇问题就发脾气。

发脾气的孩子懂得发泄内心的不满情绪，但是脾气也不能胡乱发，还要有所控制，在适度的范围内，父母做好引导，孩子才能很好地控制情绪。

不要排斥孩子的叛逆

◆引导宜疏不宜堵

◆将孩子当作成人看待

◆给孩子平等发言权

◆采用实践体验法

孩子经常不听话，这让父母深感头疼。但“不幸”的是，许多父母发现，孩子越大，不听话的行为越严重，甚至跟父母对着干，产生了叛逆的心理。孩子如果有以下情况，请注意，你的孩子可能已经进入叛逆期了！

认为大人的话漏洞百出，不愿意听大人的批评，反感，且反应激烈；说什么孩子都听不进去，全然“左耳进，右耳出”；对大人的唠叨很生气，甚至表示会离家出走；有过多的破坏性行为，比如摔东西、故意破坏等；与其他孩子经常发生冲突，也易动手。

进入叛逆期后，孩子一般都有以下一些特征表现：能够感受并能处理多种情绪；觉得自己是一个追求自主的探险家；变得更为依赖；公然向父母发出挑战，经常拒绝；以自己为中心。

可是，父母只抱怨孩子叛逆了，难道孩子天生就是一个不爱听话、爱与父母对着干的孩子吗？孩子真的就愿意这么做吗？

著名心理专家、亲子家庭教育专家于东辉认为，孩子叛逆，很多时候是孩子的需求没有得到满足的表现，随着年龄的不断增长，孩子内心的需求不断增多，渐渐有了更多自己的想法，开始不完全听父母的话，此时人们便将这种现象称为“叛逆”。

于东辉说：“所谓叛逆，就是孩子更看重自我，更愿意听自己的话，内心产生了更多的需要，他更愿意用自己的方式去满足自己需要的阶段。如果我们这样理解孩子的叛逆期，就会觉得孩子的不乖是很正常合理的事情了。”他还指出，叛逆虽然被认为是不好的行为，但对孩子的成长来说，一定程度的叛逆却可以给孩子的人生增色添彩。他说：“孩子听自己的话，有自己的独立人格，不愿意根据外界的指令来规划自己的人生，所谓的叛逆期，更恰当的说法，其实应该说是孩子的自主期。”例如，有的孩子不喜欢去父母报的兴趣班，却一心吵着要学街舞，这种“抗议”让父母觉得他叛逆，其实这只是孩子自主性的一种表现。

所以，孩子出现叛逆，父母先不要排斥，弄清楚其中的原因，并引导孩子愿意主动将心中所想和父母沟通交流。不过想要做到这点，父母还要做好以下几项工作。

◆引导宜疏不宜堵

在引导孩子时，父母应采取宜疏不宜堵的方法。孩子喜欢上网，严重影响了学习，父母为了制止孩子上网，便直接将网线拔掉，或者将电脑收起来。这种方法其实就是“堵”，更容易加剧孩子的叛逆心理，凡事跟父母对着干。“疏”就是对孩子网络成瘾的现象加以分析和沟通，看孩子是否缺少父母的陪伴，是否有其他同学朋友一起玩耍，抑或是孩子一味贪玩儿，还是学习上遇到了问题……根据分析出的原因“对症下药”，让孩子主动关掉电脑或丢下手机。

◆将孩子当作成人看待

叛逆的孩子更看重自我，不愿意被父母叫作“小屁孩”，更不愿意听父母说“小屁孩，知道什么”这样的话。所以，父母不要以家长的身份自居，总是摆出一副高高在上的姿态，避免用命令的口吻要求孩子，要尊重孩子的想法，哪怕孩子很多想法并不成熟，但也不要嘲笑。

◆给孩子平等发言权

给孩子平等的发言权有利于疏通孩子的叛逆心理，让他们感觉被尊重了。不过在让孩子有平等发言权时，父母还应注意以下几点。

1.耐心倾听

耐心倾听可以让孩子感觉到人格被尊重，此时他更愿意敞开心扉，将心中所思、所想向父母倾诉，而这个过程也是了解孩子并“对症下药”、解决亲子间矛盾的途径。

2.不随意指责以及草率评论

在与孩子沟通时，耐住性子，克制自己的情绪，让孩子安静地将话说完，孩子的观点有错误时，也不要随意指责和打断评论，让孩子将观点讲完，再认真地从孩子的角度认可他的观点，然后再指出其中可能存在的不当之处，说完之后不要忘说一句“你认为我说的对不对呢”，让孩子有被尊重感。

3.给予积极回应

与孩子沟通时，要认真听孩子说话，并积极给予回应。孩子发表了自己对某事的看法，此时父母可以说："我觉得你这个想法很好，不过要是在你提的这点上再做一点改善，你觉得是不是更好呢……"这样可以给孩子以成就感，孩子心情也会愉悦，更利于亲子双方的交流。

◆采用实践体验法

平时面对孩子的逆反，父母更多的是命令以及口头说教，如果采用实践体验法化解，效果可能要好得多。

一位妈妈曾说，女儿想报京剧班，说京剧班的同学扮装都很好看。妈妈很清楚女儿不是真正喜欢京剧，一旦报了班，在要求压腿、下腰时肯定会打退堂鼓，于是就直接拒绝了。可孩子执意要学。妈妈见状，没再说什么，直接给孩子报了班。结果孩子没坚持几次就开始叫苦，此时也体会到妈妈当初的苦心了。

孩子叛逆让父母生气、担心，不过叛逆也并不是一件坏事，接纳孩子的叛逆，并加以正确引导，顺应孩子的成长，孩子一样可以优秀。

成人标准对孩子不适用

◆摒弃脑海中的"模范孩子"

◆帮孩子制订切实可行的目标

唐诗宋词背诵不流利，父母着急；扫地叠被不干净、不整齐，父母生气；没达到父母要求的分数，父母发飙；没达到父母要求的跑步速度和里程，父母不满……

几乎所有的父母都对自己的孩子抱有过高的期望，希望他们能像成人一样懂事，并将所有事情都做得尽善尽美，不出一点儿差错，于是就给孩子定很高的要求和标准，一旦做不到，父母就着急、生气，可是父母越着急、生气，对孩子的要求越高，孩子就越做不好……父母对孩子赋予了高期望，相应地，就有高标准、严要求，用成人的标准来要求孩子。可是这样到底适不适合孩子的成长呢？

11岁的嘉宝曾经是父亲的骄傲，如今却总是被父亲呵斥，原因是他总达不到父亲的要求。就拿写字来说吧，从一年开始父亲就特别强调嘉宝的书写。每次嘉宝都非常努力想要将字写好，可还是难以让父亲满意。偶尔写歪了，呵斥；不注意写错了，呵斥；一笔横平竖直不到位，呵斥……渐渐地，嘉宝的字写得不但不工整，错误还一天比一天多，而父亲的呵斥也一天比一天多。

这无疑是一个令人心痛，又值得大家深思的普遍存在的“镜头”。对孩子要求过高，孩子往往没有积极性去做，一开始就容易灰心丧气，觉得自己做不了。长期下去，孩子不但无法达到家长理想的状态，甚至还会渐行渐远。美国教育学家珍妮·艾里姆曾说：“孩子的身上存在缺点并不可怕，可怕的是作为孩子人生领路人的父母缺乏正确的家教观念和教子方法。”孩子也是普通人，用成人标准要求孩子，这种错误的教育观念给孩子压力太大太早，这会影响孩子的自然天性发展，违背孩子心理成长规律，让孩子早熟，甚至形成压抑的性格，对孩子身心发展都非常不利。

作为爱孩子的父母，尽量不要用成人的标准要求孩子，给孩子松松绑，还给孩子一个自由发展的空间。

◆摒弃脑海中的“模范孩子”

很多父母之所以对孩子有高标准、严要求，是因为脑海中住着一个想象中的“模范孩子”，在教育自己的孩子时，一直在以脑中的这个“模范孩子”为标杆，力争让孩子成为那个样子。

有一位妈妈就是这样，想着孩子将来能成为像郎朗一样的钢琴家，于是在孩子够得到钢琴的琴键时，就让孩子学钢琴，每天监督孩子至少练习1小时的琴。可到小学后，孩子看到其他同学在操场上欢快地踢足球、打羽毛球，非常羡慕，几次想要加入其中，都被妈妈严词拒绝了，理由是会耗损体力，影响钢琴练习。五年级时，孩子的钢琴水平已经达到了八级水平，就在妈妈心里偷着乐时，孩子却毅然决然放弃了钢琴，果断加入了有繁重练习任务的校足球队。尽管妈妈伤心失望，可孩子就是不愿意掀开琴盖，不愿再动一下手指。

让孩子健康成长，就要给孩子松绑，让孩子自由成长，父母必须要将脑海中那个“模范孩子”摒弃掉。

◆帮孩子制订切实可行的目标

父母对孩子避免用成人标准，放弃过高的期望，不妨帮孩子制订更切实可行的、适合孩子实际能力的目标，让孩子更容易达成目标，也更容易有成就感来激励孩子不断进步。

拿孩子完成家庭作业来说吧。可能因为磨蹭、小动作多等，孩子在完成作业时会出现拖拉现象，此时父母不妨帮孩子制订一个目标，让孩子集中精力一小时，这一小时都专注于作业中。如果一小时的专注难以达到，那就将目标压缩为半小时，甚至是二十分钟、十分钟。

在学习成绩上也是一样。父母往往非常看重孩子的学习成绩，对孩子的成绩要求非常严格。有些父母甚至一味要求孩子考试必须考100分，考不到100分就惩罚孩子。其实，没必要让孩子每次都考100分，随着年级的升高，题型越来越多，题越来越难，孩子能够考取100分非常不容易，所以，看重孩子成绩的父母不妨让孩子保持前几名即可。

成人标准并不适用孩子，父母若用过高的标准去要求孩子，结果不仅无法改变孩子，还会破坏孩子的健康成长。

“别人家的孩子”没那么好

◆接纳孩子与别人家孩子的不一样

◆帮助孩子找回自信

◆帮助孩子建立自我联结

“你看看别人家孩子都去中央电视台表演了，再看看你。”

“别人家孩子都懂得帮妈妈做家务，你就不能学学。”

“你怎么才考80分啊，你看别人家孩子，每次都能考90分以上。”……

网上流传着一个段子：

从小我就有个夙敌叫“别人家的孩子”。

这个孩子不玩游戏，天天就知道学习，回回年级第一。

这个孩子可以九门功课同步学，妈妈再也不用担心他的学习了……

这个孩子考清华，望北大，能考硕士、博士、圣斗士；

他不看星座，不看漫画，看到网游就想骂娘……

这个孩子琴棋书画样样精通，甚至会刀枪剑戟、斧钺钩叉，

而我们只会吃喝拉撒……

他是团员、党员、公务员，而我只是土肥圆。

这个孩子长得好看，写字好看，成绩单也好看，就连他的手指甲都是双眼皮的……

这个孩子每天花10块钱都觉得奢侈浪费和犯罪……

这个“别人家的孩子”如同神一样的存在，或者说，对许多孩子来说，他就是挥之不去的噩梦。上面虽然是一个段子，又何尝不是将现实生活中父母教育孩子的一面真实展示出来了呢？很多时候，父母之所以要在孩子面前搬出“别人家的孩子”，不过是想给孩子树立一个榜样，让自家孩子像“别人家的孩子”一样优秀。可心理咨询师认为：每个孩子天性都是不一样的，自家孩子与别人家孩子之间有着看不到的内部差异，父母要承认并尊重孩子的独特性，允许孩子有自己的活法。

因此，父母不该总是将“别人家的孩子”抬出来作为教育孩子的“利器”，况且，总是拿“别人家的孩子”来约束孩子，孩子看到的都是别人的光鲜亮丽，却看不到自己的优势，没办法从内心建立起真正的自信，让孩子不但变得自卑，还会让孩子感觉到自己毫无价值，这些都不利于孩子成长。

父母教育孩子，要打破“别人家的孩子”的魔障，让孩子健康成长。那到底该怎么打破呢？各位父母不妨从以下几点入手。

◆接纳孩子与别人家孩子的不一样

每个孩子都是独特的、无可替代的，不管孩子能不能、行不行、可不可以，他都是你的孩子，都不影响你爱他。

一位父亲呵斥儿子："我在你身上花了那么多钱、那么多心思、那么多精力，你竟然才给我考60分，笨死了，让我都没脸见人了。一会儿回去好好给我面壁思过，晚饭也别吃了……"

父母往往将孩子当作自己的附属品，将孩子的人生与自己的人生捆绑在一起，所以，当孩子出现什么问题时，父母首先会觉得丢脸、没脸见人等。

可是，父母可能没意识到，孩子首先是独立的个体，是一个人，其次才是自己的孩子，无论他怎样，都改变不了他是一个独立个体这一事实。孩子有孩子的特点、特长，或许在学习成绩上孩子不占优势，但是在其他方面，比如体育方面、美术方面等更优于其他同学。

父母要做的，就是接纳孩子与别人家孩子的不一样，看到孩子的优势所在，扬长避短，并给予孩子鼓励，让孩子朝着自己的优势所在努力。

◆帮助孩子找回自信

帮孩子找回自信，找到归属感和价值感，这更利于孩子健康成长。

多多妈妈带九岁的多多去公园玩儿，刚好碰上一对母女，小姑娘有六七岁的样子，两个孩子玩得很好。玩的时候，多多用一根芦苇草编了只小兔子，让小姑娘看好不好看，小姑娘摆弄着说好看。这时候旁边小姑娘的妈妈说："您看小哥哥用一根草就编出了一只小兔子，你有没有要给我们展示的东西？"

小姑娘显然没有做好准备，于是也拿来一根芦苇草想要编，可摆弄了半天也没有编出来，于是非常不悦地自顾自去玩水了，结果妈妈还不甘心，还在问她有没有什么小玩意儿拿出来，甚至有些逼迫的意思。结果小姑娘最终也没有展示什么，而是瞪了一眼妈妈，独自一人朝着公园门口跑去了。

小姑娘独自跑开，何尝不是一种自卑的表现呢？而此时这位妈妈要做的，就是抛开自己心中的欲望，不要拿孩子来跟别人家孩子比较。小姑娘不会编小兔子有什么关系，或许她画的画经常被老师夸奖呢，也或许她唱歌很好听。通过这些优势之处的赞扬，慢慢地帮孩子将自信与价值感、归属感找回来，让孩子看到他自己就是一道独特的风景。

◆帮助孩子建立自我联结

父母常拿自己的孩子来与“别人家的孩子”比较，会让孩子慢慢意识到父母对别的孩子的肯定、欣赏以及对自己的否定、不满，接下来，孩子会越来越在乎别人的看法和评价，以外界标准驱使自己行动，慢慢地，孩子会与自我失去联结，不懂表达自己的感受和想法，长大成人后常陷入迷茫中，对工作的选择、人际交往的处理、婚恋对象的选择等，都会显出不知所措感。

帮助孩子建立自我联结，最好的办法依然是发现孩子的优势和长处，并多给孩子鼓励和赞扬，彻底切断“别人家的孩子”，做到眼中只有自家孩子。

无论如何，你都没有办法改变孩子是你的孩子的事实，因此，不管他是“龙”还是“虫”，都欣然接纳他，爱他。别再拿“别人家的孩子”来给孩子施压，“别人家的孩子”并没有那么好。

第三章

发现：用敏锐的目光捕捉珍贵的教育契机

家庭教育说起来容易做起来难，孩子拥有哪些潜能、具备哪些天赋和优势，孩子的言行又提示着怎样的教育线索、孩子的自然本真的行为中又隐含着什么……这些都需要父母拥有一双敏锐的眼睛去发现，同时还要捕捉到最佳的教育契机，让教育赢得事半功倍的效果。

聪明妈妈用四面镜子看孩子

◆平面镜：尊重孩子，与孩子平等相待

◆放大镜：将孩子的优点无限放大

◆望远镜：用发展的眼光看孩子

◆显微镜：查找自身的不足之处

"又打人了，你难道不知道打人是不对的吗？"

"现在就应该把学上好，别想那些乱七八糟的。"

"哭有什么用，赶紧想想怎么解决吧。"

……

孩子在成长中多以父母为榜样，因此孩子往往是父母的一面镜子，很多时候，孩子之所以没有成为父母期望的样子，很大程度上源于父母自身就没有达到那样的高度。

而家庭教育就是孩子的一面镜子，父母采用的教育方法不同，镜像中就会看到不同的孩子表现。而聪明的父母，善于用这四面镜子来发现孩子的问题，并加以引导教育。

◆平面镜：尊重孩子，与孩子平等相待

不得不承认，在孩子成长过程中，父母大多扮演的是教官的角色。为此，美国精神心理医师福斯特·克林纳提出了"教官式父母"的概念，并且给出了解释："他们吹毛求疵、严格管控……许多人在长大成人的过程中，家长都扮演了教官的角色。"指责和对着孩子讲大道理是"教官式父母"最典型的行为特征。

而经常指责孩子以及对孩子讲大道理，会在孩子面前竖起一面凹透镜，往往会让孩子感觉自己"不够好"。两位著名的心理学导师麦基卓和黄焕祥就曾说：

“凹透镜的映射作用让孩子怀疑自己、责备自己、低估自己，甚至可能一生都活在这样的阴影之下。”

一天，爸爸带10岁的南南去找教练打羽毛球，结果不到20分钟，南南就喊累不想打了。爸爸过来跟他说：“你就不能吃苦，你应该努力，努力才能进校队、区队、市队。像你现在这个样子，练不了几下就嫌累怎么可以？”结果，南南每次都硬着性子练习。但是一年时间过去，南南依然没什么大的进步。

在教育孩子时，父母往往需要一面真实的平面镜，既要尊重孩子，与孩子平等相待，又要给孩子足够的自由度。让孩子接受真实的自己，不放大也不缩小，这是孩子建立自尊、自信的根基。而父母要做的就是成为“顾问式父母”：在乎孩子的感受；听取孩子的观点，不强求孩子与自己观点一致；回应孩子的要求；接纳孩子的情绪；允许孩子有自己的选择等。

◆放大镜：将孩子的优点无限放大

有人说，孩子是父母人生中的一个插曲，但父母却是孩子人生的开端。成长中，孩子最信任的就是自己的父母，最初的安全感和自信来自于父母的肯定、表扬和鼓励。因此，孩子一旦有好的表现，就不要吝啬对孩子的鼓励。而这就需要一面放大镜，不断发现孩子的优点。

琳琳每次考试都徘徊在70分上下，平时没少挨老师的批评和同学异样的眼神，妈妈虽然也着急，不过却发现她在钢琴上有超乎常人的毅力，为练熟一首曲子，她可以从早一直练到晚上，且可以持续多天，既不喊累，也不觉得枯燥。于是妈妈在钢琴方面着重培养琳琳，而琳琳也不负妈妈期望，在所参加的比赛中，都荣获了冠军的佳绩。

每个孩子都有他自身的闪光点，父母要做的就是发掘这些闪光点，并将其无限放大，在孩子取得成绩的基础上，不断给予鼓励和肯定，让孩子建立起强烈的荣誉感和自信心。

◆望远镜：用发展的眼光看孩子

“怎么可以这么笨呢，学了多长时间还没学会？”“你看看你，每次考试都这么糟糕。”“你能不能让人省点心，总这样，长大后怎么可能有出息呢？”父母总纠结于孩子当下的表现，这是家庭教育最令人遗憾的一点，由于功利心、虚荣心、面子等作祟，让父母对孩子很是苛刻。而让孩子变得优秀，父母还要具备一副望远镜，在教育孩子时投掷于长远的目光，不仅限于眼前，相信孩子是一个可塑的、有用的人才。

每个孩子的成长步调不一致，一时不尽如人意并不代表永远不尽如人意。面对孩子的暂时落后，父母要做的就是不要着急，举着望远镜不断往前看，给孩子成长的时间。同时也要放下焦虑和功利心、虚荣心，尽可能地给孩子提供一个良好的成长环境。

◆显微镜：查找自身的不足之处

正如上面所说，孩子的表现受父母的影响非常大，因此孩子若存在不足之处，父母就应该用显微镜来审视一下自身存在哪些不足之处，并在发现中不断完善自己，做到严于律己，给孩子在生活以及学习方面做好榜样。

12岁的欣欣马上就要小学毕业了，可就是没学会收拾课桌，每次老师检查，欣欣的桌面以及桌兜中，总是最乱的那个。原来欣欣的妈妈就是一个不善于收拾房间的人，家里总是乱糟糟一片，东西随便丢。

因此，想要孩子成为你心目中的样子，首先你就得先有那个样子，这样才能给孩子树立榜样和典范。

通过以上四面镜子，相信聪明的父母都能发现孩子与自身的问题，进而扬长避短，让孩子变得越来越优秀。

孩子的言行提示着教育的线索

◆父母要通过孩子的言行，透视孩子的心理

孩子的言行举止，反映的是家庭教育的成果和问题。有的孩子喜欢插话、爱哭、撒娇等，这些行为的背后都涉及孩子的一些心理问题，同时也给父母提示了教育的线索。

孩子在成长中，非常在乎亲子间关系，父母一些不经意的举动，可能会严重影响到孩子，尤其是当孩子觉得父母突然改变了对待自己的态度后，他们马上会用一些非常规的方式来回应父母。例如有的孩子平时安静温和，突然变得躁动不安；有的孩子平时乖巧，突然变得逆反乖张。此时父母不要因为孩子突然的改变而焦虑、担心，担心孩子长大后也是如此的性格，而是要善于从孩子的这些言谈举止中发现问题，并加以分析引导。

那么，孩子的一些常见言行通过心理分析反映了哪些“内心独白”？父母又该如何应对？在此我们以表格的形式给大家列举几种孩子常见的言行表现。

孩子的常见言行反映的心理及父母的应对措施

孩子言行表现	心理分析	父母应对措施
插话	一是因为对讲话内容好奇；二是想插入谈话中表现自己，谈谈自己的看法；三是遇到困难急于求助等。	对于孩子的好奇心以及孩子想要表现的行为，父母要满足，给孩子表现的机会，但要委婉告知孩子在中间插话不对，或者直接和孩子讲明等到谈话结束后再给他答复；也可以通过其他孩子插话的例子来教导孩子插话是不礼貌的行为。例如，爸爸正在和朋友聊天，儿子突然过来问爸爸一道数学题，此时爸爸可以先问问孩子，是不是非常着急将这道题做出来，如果不急，就等谈话结束后帮儿子解决；若的确很急，爸爸不妨当时就帮孩子，但要告诉儿子在打断别人谈话时，要征求意见。
撒谎	低年级的孩子撒谎大多来自想象、愿望、游戏以及无知或为引人注目等；高年级的孩子撒谎就要弄清谎言背后的真实原因。	充分理解孩子谎话背后的真实心理，顺应孩子心理状态相符的言语回答。例如，孩子说他的纸飞机能飞很远很高，那就应和他说“你太棒了，哪天把你的飞机拿来给我玩一下啊”之类的话。
哭	大多是依赖心理所致，想让父母理解自己的心情，并安慰、同情自己。	了解孩子哭背后的原因和心情，然后给予同情和理解，并将这个信息传达给孩子。例如，孩子比赛失利自己一个人默默地哭，此时父母千万别挖苦、讽刺，而应该过去抱抱孩子，让孩子感受到父母的理解。

续表

孩子言行表现	心理分析	父母应对措施
撒娇	身体不舒服、被打扰或环境改变等时，孩子寻求亲子情感交流；因不顺心而不讲道理地故意发脾气撒娇。	寻求亲子情感交流时，父母要给予理解和安抚；孩子故意发脾气撒娇时，父母可采用淡化法处理，不理睬，等孩子安静下来后告诉他这种行为不对。如孩子生病，总想黏着妈妈，或者让妈妈陪在身边，此时就是孩子在寻求妈妈的安抚，妈妈多陪陪生病的孩子，照顾孩子，会让孩子精神好很多。
执拗	执拗的背后一般是担心、害羞、缺乏自信、害怕挫折以及对父母的不满等。	孩子执拗不听话，要克制情绪，不发火，不惩罚、打骂孩子，要认清原因，注意沟通，正确引导。心理学研究表明，父母与子女间以民主方式进行交往并互提意见时，对孩子的独立性的培养大有好处，同时也更容易改善孩子执拗的情况。比如让孩子去洗澡，孩子不愿意去洗，此时父母如果发火，显然效果不好，不妨像朋友一样提醒孩子是不是该去洗澡了。或者给孩子设定两个时间，让孩子选择其中一个时间去洗。
羞怯	由孩子的天生气质或家庭教育方式导致。	有的孩子天生内向，胆小害羞，适应能力差，不喜欢接触新事物和陌生人。对这类孩子，父母要经常带孩子去接触外界的新鲜事物，同时也要让孩子多与亲朋好友打交道，或者帮孩子多交几个同龄的伙伴。若因为家庭教育方式，如父母缺乏耐心、对孩子要求过高、指责约束过多等，都会让孩子产生羞怯、自卑心理，此时父母就要改变教养方式。
磨人	缺乏父母的关爱，博得父母的关注；依赖心理，缺乏独立性；父母教育理念不一致也会导致孩子磨人。但总体是缺乏自立、情绪不定所致。	缺乏关爱的孩子，父母更要多给予孩子关注和爱，并引导孩子自己拿主意；有依赖心理的孩子，父母不能过分保护孩子，引导孩子做决定，并尊重孩子的决定；父母教育理念不统一时，要首先统一意见。

通过孩子的言行，父母要了解孩子的心理，进而采取正确的教育方式，引导孩子朝着积极阳光、自然健康的方向成长。以上仅列举了几种，生活中孩子还有很多值得注意的言行需要父母去发现其背后隐藏的真实原因并正确引导。

潜能隐藏在最自然本真的行为里

◆用“科学家式”的观察发现孩子的潜能

◆创造发现孩子潜能的机会

每个孩子都有某方面才能的特殊素质，我们称之为潜能，也是天赋、特长，父母一旦发现孩子的潜能后，顺应这一趋势去引导孩子，孩子也沿着这一趋势去努力，更容易取得辉煌成就。

美国耶鲁大学的校长，在每年的入学典礼上都会向大家介绍一位新生，有一年，他隆重介绍的是一位会做苹果饼的女生。大家都很奇怪，虽然耶鲁不乏人才，可是却搞不明白校长为什么要介绍这个擅长做苹果饼的女生。后来校长告诉大家，耶鲁大学虽然每年都要求新生填写特长，但是同学们填的几乎都是运动、绘画、音乐等，从来没人填写诸如擅长做苹果饼的，因此，这个女生就被校长特别提出了。

每个孩子都有优于其他孩子的地方，如有的孩子足球踢得好，有的孩子手工制作精妙，有的孩子语言天赋极高，有的孩子善于舞蹈。哪怕被人看作“一无是处”的孩子，只要发现自己的潜能所在，并顺势努力，最终也可以取得骄人的成就。

不过大多数孩子不像高斯、贝多芬等，早早地就表现出自己的潜能，他们可能今天喜欢足球、跆拳道，明天又喜欢绘画、音乐。因此，父母就需要拥有一双发现孩子潜能的眼睛。那么作为父母的我们，又该如何去发现孩子的潜能呢？这就要多多关注孩子最自然本真的行为，具体还需做好以下几点。

◆用“科学家式”的观察发现孩子的潜能

孩子的潜能往往隐藏在孩子最专注、最擅长、最感兴趣的领域中，父母在与孩子相处中，只要细心观察便能发现。

著名的漫画家蔡志忠4岁半时，父亲给了他一块小黑板，于是在涂涂画画中，父亲发现了画画能够带给蔡志忠快乐，而他的潜能就是画画，然而父亲没有强调蔡志忠搞好学习成绩，没有让他在运动方面加强锻炼，而是一直支持他画画。蔡志忠自己也对画画乐此不疲，10年之后，15岁的他已然成了职业漫画家，且有100多部作品在38个国家和地区以多种语种版本出版，销量超过4000万册。

美国儿童教育家有一个实验，也是一种“科学家式”的观察和认识，能够帮助父母准确发现孩子的潜能，也可以帮助父母客观地观察孩子。具体方法分三步：

第一步：将你常用来描述孩子的词汇和言语用一张纸写下来。

第二步：将写好的这张纸揉碎撕毁扔到培养垃圾桶中。

第三步：彻底抛开先入为主的看法，将先前对孩子的了解与判断放在一边，以审慎的态度对孩子加以思考，在孩子的日常活动中，试着用全新的眼光观察他，发掘孩子与众不同、更显独特的特质。

这种方法的好处在于：一观察孩子客观，孩子没有受任何干扰或操纵；二观察的是孩子正在发生的即时行为。因此，对孩子的潜能发现有极其重要的作用。

◆创造发现孩子潜能的机会

有的父母一天到晚都将孩子关在家里学习，这无疑是将开发孩子潜能的大门统统关闭了，只留下一条通过书本以及题海获得出路的路，但很多孩子并不喜欢这条路。想要发现孩子的潜能，父母不妨多给孩子创造一些机会，让他们接触各种各样的知识，从中发现孩子的潜能所在。父母不妨尝试着从以下一些方面来发现孩子的潜能。

1.兴趣班

给孩子报兴趣班是发现孩子潜能的不错选择，如果某个兴趣班，孩子在课上注意力特别集中，哪怕没有老师的要求，课下也能自觉练习，且乐此不疲，从中感到快乐，那么这个兴趣很可能便是孩子的潜能所在。

2.户外活动

户外活动是父母都要鼓励孩子进行的，从中不但可以让孩子享受乐趣，同时还能发现孩子的潜能，比如一个小小的篮球架是否能让孩子不断地将篮球抛掷其中？大自然中的花花草草、蝴蝶蜜蜂等是否能引起孩子的极大兴趣？孩子是否对河、湖、海底的世界更具好奇心？

3.拼图

若孩子对复杂的拼图感兴趣，那么，孩子对毫无规律的文字以及图案便会表现出敏感和热情，将来孩子在复杂环境下解决问题的能力可能会非常突出。

4.给孩子舞台表演机会

很多艺术家、演员，都是从小在舞台表演的机会中被发现其天赋潜能的，而给孩子在舞台上表演的机会，能够找到属于孩子自己最原始、最本真的内心力量，这种力量有助于发现孩子的潜能。

当然，还有很多机会可以创造，尤其是当你一时无法发现孩子的潜能时，更需要给孩子创造更多的机会。

需要注意的是，在发现孩子的潜能后，很多父母可能会抱有很强的功利心，希望孩子的潜能能为考学加分等，诸如这类的想法会给孩子增加心理负担，反而会让潜能天赋成为“短板”。根据兴趣让孩子自由选择、发展，不给孩子过多压力，或许孩子能更好地发挥自己的潜能。

早日破解孩子的天赋密码

◆通过日常常见行为来破解孩子的天赋密码

有种遗憾叫作：我有运动天赋，妈妈非叫我练习钢琴！

如果博尔特从小被安排学习美术，如果库里从小被安排练习钢琴，如果郎朗从小被安排打篮球……结果会怎样？

然而现实生活中，我们就是经常会看到这样的场景：一个没有绘画天赋的孩子，让父母催赶着去学国画；一个没有音乐天赋的孩子，被要求去练钢琴；一个没有运动天赋的孩子，被要求去打篮球……

美国遗传学首席专家罗伯特·普罗明教授曾在世界顶尖学术杂志上发表过一项令世界瞩目的重大科研成果：人的成功32%~62%是由天赋潜能决定的，其他的部分才是由环境和个人后天因素决定的。

所有父母都望子成龙、望女成凤，希望自己的孩子将来出人头地，活出精彩，成就辉煌，殊不知，若忽略孩子的天赋潜能，按照自己的意愿去安排孩子学这学那，终将让孩子提不起兴趣，进而给孩子造成极大的心理负担。因此，父母还需要及早了解孩子的天赋，破解孩子的天赋密码。

那么，生活中透露孩子天赋的行为，做父母的你都读懂了吗？这些“天赋密码”又藏于哪里呢？下面我们就来具体说说。

1.喜欢不停说话

平时孩子过于爱说话，让你着急，担心长大了他会成为一个啰里啰唆的小话痨，但其实，他大脑中很可能装着超前的词汇量，且不管是口头沟通交流，还是自己写作编故事，他都很少出现语法和读法的错误。他也很喜欢与你辩驳，坚持自己的观点。

心理分析：这是言语熟练的一种表现，也是天才孩子的早期迹象，不管是学业上，还是其他许多方面，这类孩子更容易获取成功，且喜欢辩驳、有说服力的孩子，未来很可能会选择诸如律师或主持人等职业。

培养指导：对于这类孩子，你要经常给他发表意见、表达的机会，以不断提升他的语言交流以及写作技能，可以让他讲故事给你听；经常带孩子去图书馆，帮孩子选择一些有助于鞭策他的书籍。在孩子看完书的一部分或者整本书后，听听孩子对书中内容的看法。

注意：因为孩子擅长辩驳，在倾听方面有些弱，因此，可以将孩子所讲的故事以及孩子的想法、论点都记录下来，可以刻成光盘，在成长路上，隔段时间就拿出来，放给他听听，这可以让他成为一个好的倾听者。

2.喜欢空想

孩子经常会沉浸在自己的世界中，与自己独白，经常会有一些奇奇怪怪的想法与你分享，并且做一些让你觉得不同寻常的事情以及产生一些很荒唐的想法，比如他可能会用鞋盒做出城堡，也可能会将自己当作有翅膀的天使，随意飞到世界的某地观光、旅游。

心理分析：喜欢空想的孩子可以凭空生出一些伟大的想法，同时他又会努力去实现这些想法，这类孩子有很强的创造性、创新性。可以朝着艺术家、演员、作家、设计师、影片制作人等方面培养他，在科学领域，他的这种创新思维以及解决问题的能力也能发挥作用。

培养指导：别制止孩子的空想，鼓励他的创造性、创新性，提供他所需的大量材料任由他去充分发挥想象力。多带孩子看喜剧、听音乐，多带他去艺术博物馆，或者给孩子科学实验的机会，给他讲或者让他看怪诞、离奇的故事。

注意：不管孩子有哪些新奇想法和做法，都要弄清楚原因。

3.酷似领导

一件事该如何做，孩子起着发号施令的作用，且态度强硬，有些专横，就像一位严肃的领导一样。

心理分析：孩子可能是天生的领导者，他会从不同角度去认识矛盾，并解决矛盾，在团队中，他能轻易选出最优秀的队员。这种才能将来在商业领域、政治领域、社区组织以及调解工作等方面会出类拔萃。

培养指导：尽一切可能满足他领导的需求，比如去某个地方让他带路；布置房间时听取他的意见；有问题需要解决时，向他寻求办法等。

注意：当涉及安全以及更需要大人的意见时，还得父母拿主意，也得让他具备轮流指挥以及善于倾听的意识。

4.喜欢将东西分类

他在物品排列上秩序井然，吃、穿、用等物品都摆列有序，不同颜色、不同尺寸以及形状的东西一定要归类摆放。

心理分析：孩子是一个善于分析的思考者，且组织力强，注重细节。在数学以及科学方面具备天资。

培养指导：让孩子经常玩一些涉及模式与匹配的项目及促进数学技能的活动或游戏，比如串珠游戏、钓鱼等，也可以让孩子到科学实验馆做一些他非常感兴趣的科学实验。满足他的摆列分类需求，多给他准备一些收纳器具。

还有很多破解孩子天赋的“密码”，比如喜欢摆弄东西，有可能对机械、工程、建筑、发明等感兴趣；或者喜欢猜谜、拼图等，且拼图时不喜欢反复尝试，更喜欢通过一两次的尝试便找到合适的那块放到正确的位置上，这类孩子若引导正确，将来很可能在侦探、考古、科研方面做出成就。因此，还需要父母用心发现真正属于孩子的天赋密码。

准确识别孩子的优势项目

◆借助“潜能自查表”找到孩子的优势项目

前面我们介绍了父母要早日破解孩子的天赋密码，早日发现孩子的天赋所在，并顺势培养。而心理学上还有一个理论，叫作多元智能理论，是由世界著名发展心理学家、教育学家霍华德·加德纳（Howard Gardner）提出来的。

这一理论提出，人主要拥有八种智能，分别是：语言智能，逻辑数理智能，空间智能，运动智能，音乐智能，人际交往智能，内省智能，自然观察智能。每个孩子都可能在1~3种智能上表现出色，这被叫作“优势智能”。

例如，孩子在空间智能方面表现突出，就会对色彩、线条、形状以及空间关系感觉敏锐，在绘画、拼图、搭积木、走迷宫等方面也会优于其他孩子，建筑师、设计师、摄影师、雕塑、绘画等则是更适合这类孩子长大后从事的职业。

因此，父母除了要破解孩子的天赋密码，还需要识别孩子的优势项目，让孩子的优势更为凸显，这样顺势培养，孩子将来更容易获得成功。

具体怎么识别孩子的优势项目，大家不妨通过美国耶鲁大学罗伯特·斯腾伯格博士制定的孩子潜能自查表来寻找。

孩子潜能自查表

1	他在背诗和有韵律的句子时很出色。
2	他很注意你在愁闷或高兴时的情绪变化，并作出反应。
3	他常常问诸如“时间从什么时候开始”“为什么小行星不会撞到地球”这样的问题。

续表

4	凡是他走过一遍的地方，他很少迷路。
5	他走路的姿势很协调，随着音乐所做的动作很优美。
6	他唱歌时音阶很准。
7	他经常会问“打雷、闪电和下雨”是怎么回事。
8	你如果用词用错了，他会给你纠正。
9	他很早就会系鞋带，很早就会骑车。
10	他特别喜欢扮演什么角色或编出剧情。
11	出外旅行时，他能记住沿途标记，说：“我们曾到过这里。”
12	他喜欢听各种乐器，并能辨别它们发出的声音。
13	他画地图画得很好，路线清楚。
14	他善于模仿各种身体动作及面部表情。
15	他善于把各种杂乱的东西按规律分类。
16	他善于把动作和情感联系起来，譬如他说：“我们做这件事兴高采烈。”
17	他能精彩地讲故事。
18	他对不同的声音发表评论。
19	他常说某某像某某。
20	对别人能完成与不能完成的事他能作出准确的评价。

如果孩子在第1、8、17条表现非常突出，表示孩子可能有很好的语言天赋，父母平时不妨增加孩子的阅读量，并经常让孩子描述一些事件、事情，或者常让孩子讲故事，抑或以家庭为单位，常组织一些小型故事会、辩论会等。

如果孩子在第6、12、18条表现优异，表示孩子可能有很好的音乐天赋。这类孩子对声音，尤其是有规律的声音非常敏感，且从两三岁的时候，这种天赋就表现出来了，但凡有音乐出现，他们哪怕前一秒还在疯跑，接下来马上就会投入专心的聆听中。七八岁的孩子也能表现出这种对音乐的敏感，只是没有两三岁时专注、认真。

如果孩子在第3、7、15条表现突出，表示他可能在数学、逻辑方面有天赋。这类孩子只要是接触具有逻辑关系的东西，他们很快便能将其中的逻辑捋清楚。他们可能喜欢玩具有一定逻辑性的跳棋或者逻辑关系相对更为复杂的象棋。

如果孩子在第4、11、13条表现优异，表示他有很好的空间思维能力。这类孩子通常具有比他人更丰富的想象力，对绘画、机械组装等有着浓厚的兴趣。父母不妨多带孩子外出旅游，且不要忘了让孩子将走过的地方描绘出来，也可以经常让孩子参与画地图的游戏。

如果孩子在第5、9、14条表现突出，表示他有很好的身体动觉天赋，父母不妨从活动量大的运动和舞蹈方面着手培养孩子，在给孩子报兴趣班时，可以选择运动类和舞蹈类的。

如果孩子在第10、16、20条表现优异，表示他有很好的自我认识天赋，有这种天赋的孩子长大后很可能倾向于剧作家以及导演。所以，在看到孩子将家中搞得一团糟，“自编自导自演”什么所谓的“剧目”时，切不可生气发怒扼杀了孩子的天赋，而要更加鼓励支持。说不定经过一番引导和锻炼，孩子将来真的能成为作家或者导演呢。

如果孩子在第2、10、19条表现突出，表示他有很好的认识他人的潜能，这类孩子看人的眼光很准，对自我以及他人能做出准确判断，在人际交往、沟通交流以及组织方面具有优势，父母不妨朝着这些方向培养孩子。

找到孩子的优势项目，并朝着孩子最擅长的领域去培养，孩子更容易获得成功，取得成就。

捕捉最佳教育时机

◆捕捉并把握住最佳的教育时机，可以获得事半功倍的效果

在家庭教育中，许多父母会有很重的挫败感，因为孩子本身存在太多的问题，可父母不管怎么说，他都很难改掉那些坏毛病和不良习惯，让父母实在不知道该怎么办。其实，之所以会出现这种问题，大多还在于父母没能把握好教育时机。

战场上出兵打仗要把握时机，经商者若想获利要把握商机，而父母教育孩子，也要懂得捕捉最佳的教育时机。苏联著名教育实践家和教育理论家苏霍姆林斯基曾说过，孩子在父母的教育中越少感觉到教育的意图，对他的教育效果

就越大。这里能让孩子感觉不到教育的意图的办法，最好的就是抓住最佳的教育时机。

例如，很多孩子在学习上可能存在诸多不足的问题，有些父母不分时机地随意给孩子提醒，让孩子注意写字规范、做题细心、学习态度严谨等，虽然孩子可能给予了回应，但其实并没有取得什么效果，多说几次，还会引起孩子的不满情绪以及逆反心理。可是，如果在某次考试中，孩子考试失利，成绩有下滑现象，这就是一个教育的契机，一定要抓住它，将平时在学习上显现出来的不足之处都提出来，让孩子意识到是这些问题导致成绩下滑了。此时的教育不但让孩子更容易接受，所取得的效果也是最为显著的。

遗憾的是，很多父母不懂把握教育时机，随意批评指正孩子，这无疑一次次地激起孩子的反感，自然达不到教育的效果。那如何才能捕捉最佳的教育时机，对孩子进行适时的教育和引导，达到事半功倍的效果呢？大家不妨多留意以下一些时机。

1.刚刚出现某种不良行为时

教育研究表明，孩子之所以会养成一些恶习，与第一次发生不良行为却没能及时得到指正有密切关系。虽然在大人看来是恶习，但孩子主观上往往意识不到。比如父母带孩子去超市，孩子可能会随手拿一个他喜欢的小东西，但结账时却没能给父母，这种行为孩子可能意识不到是偷窃，但如果父母发现后不及时教育制止，很可能会让孩子养成偷窃的习惯还不以为然呢。

因此，孩子“第一次”产生不良行为时就是一个教育的良机，父母要牢牢把握住。

2.各种新时期开始时

新的学期开始、考取新的学校、阶段性学习开始、失足或犯错后的悔过等，都是教育孩子的时机，父母要善于把握和利用这些时机。新学期或者步入新学校，孩子有新鲜感、希望感，有强烈的成就一番“新气象”的心气，在学习上想要更加努力，以博得老师以及父母的肯定。此时父母抓住机会，因势利导，支持鼓励孩子，可以强化孩子的内在动力，让孩子变得更强、更好。

3.受委屈时

当孩子被误解时，父母要冷静地以同情、宽容以及理解的态度帮孩子分析整件事情的前因后果，并给予理性判断和符合事实的结论，孩子会觉得父母客观公正，接着再将事件中孩子由于存在的哪些问题才被误解讲出来，如果孩子存在不足之处，此时孩子也更容易听进去。

4.老师家访时

老师家访会让孩子紧张不安，因为他最担心的就是老师向父母说起他在学校的不足之处，更担心父母向老师数落自己的不是。很多父母就是这样的，借老师家访的机会，告孩子的状，虽然初心是为了让老师管管孩子，但这种行为非常容易引起孩子的反感。

但老师家访却是父母发挥教育的一个良机，不能告孩子的状，但可以将孩子在家的优良表现告诉老师，先博得孩子的好感，然后再委婉地指出孩子的不足和缺点，接着表达自己的希望，这样孩子更容易接受，并主动改正自身的不足和缺点。

5.遭遇困难或失败时

孩子遇到困难，找不到突破口，会感到很沮丧，此时也是教育的好时机。例如孩子在期中考试时失利了，父母不要挖苦、讽刺和训斥孩子，而是首先肯定孩子曾经的努力，然后再和孩子一起分析考试失利的原因，并帮助他及时补救、走出困境，这样把握时机且正确的教育法很容易让孩子接受，并取得良好效果。

6.出现较大过失时

犯了大错、闯了大祸，孩子会深深畏惧、内疚甚至有负罪感，此时孩子更容易接受他人的意见和批评，父母若抓住这一时机，并在给予孩子爱与理解的基础上，帮助孩子总结教训，循循诱导，可以收到良好效果。切不可在这个时候没完没了地斥责孩子，或者揪着孩子的“短处”“痛处”不放，否则很容易让孩子走向堕落的深渊。

7.同伴或自己取得好成绩或者做了好事时

孩子基本上都有争强好胜、不甘人后的共性，同伴取得了优异成绩，自己却落后了，虽然看似表面上不在乎，但内心却想着怎么努力超过对方。而当他们真的超过了对方，他们便会以此为动力，再接再厉。父母可以抓住这一契机，帮孩子制订适当的目标，将孩子一时的热情转化成持久的行动。

8.对某一事物产生浓厚兴趣时

当孩子对某事物产生浓厚兴趣时，他们往往会非常主动、自觉地刻苦努力，以达到自己心中的目标，此时也是父母教育的一个良机。不过不管孩子的这一兴趣是否与你的期望背离，都要尊重孩子的兴趣，并适时引导，让孩子在自己最感兴趣的领域中做出成绩。

9.有集体活动时

在学校或者家庭间有一些集体活动时，也是教育孩子的良机。因为孩子在众多人前都不愿意被人说不好，希望能得到更多的褒扬和肯定的话语。父母就要利用孩子的这一心理，在活动前，教育孩子热爱集体、与朋友团结友爱、互帮互助。家庭聚会时，要教育孩子懂礼貌、讲规矩。

父母捕捉并把握好了教育孩子的最佳时机，才能让教育变得更轻松容易，且往往能达到事半功倍的效果。

第四章

赏识：赏识让优点放大为优势

心理学家威廉·杰姆斯曾说：“人性最深层的需要就是渴望别人的赞赏，这是人类之所以区别于动物的地方。”每个孩子都渴望得到他人尤其是父母的赞赏，这是对他们成长最大的鼓励，所以父母要重视赏识教育。但是赏识教育并不是一句“你真棒”这么简单，它需要孩子真切地从中摄取到成长的动力，需要真正能激发孩子的积极性，需要父母从生活的点点滴滴中去发现孩子的闪光点……

赏识教育让成长充满惊喜

◆积极暗示

◆以孩子的闪光点为契机开始赏识教育

◆赏识教育是随机的

◆家校同步

有很多父母经常会抱怨孩子做事不够积极主动，不够勇敢，缺乏自信，其实，这可能和父母的教育方式有很大关系。

子轩的字一直写得歪歪扭扭，几年过去，无论是老师还是父母都没能将他这一习惯改正过来。一次周末，老师留了美术作业，子轩用了两个多小时的时间画出一幅山水人家图。虽然这幅画无论是从意境还是着色方面都不算突出，但妈妈还是马上给了他赞赏与肯定，说他有耐心，俨然一个小画家。接着，妈妈又说："从古至今，画画有耐心的人，字写得也非常漂亮，妈妈相信你可以把字写好的，别着急，每天写好一个字就可以。"从那以后，子轩的字写得越来越漂亮了，甚至还在校内拿到了书法二等奖。

心理学家威廉·杰姆斯曾说过："人性最深层的需要就是渴望别人的赞赏，这是人类之所以区别于动物的地方。"每个孩子都渴望成功，但是每一次成功都需要掌声来鼓励。一次次的小成功积累在一起，就能铺就孩子的大成功。而且一次次的小成功，能给孩子带来一次次的愉悦感，同时也能给孩子带来无限的信心和动力。而赏识教育正是能够不断给孩子带来快乐和信心、动力的因子。

赏识教育是通过激励、表扬的手段，肯定孩子的优点、长处，鼓励他不断追求成功，是父母在对孩子关爱、尊重、信任下的教育。我国教育家陶行知先生曾经说过："教育孩子的全部秘密在于相信孩子和解放孩子。相信孩子、解放孩子，首先要赏识孩子。”

平时总批评、训斥孩子，并且总盯着孩子的缺点或短处，会使孩子自暴自弃，让孩子在“我是坏孩子”的意识中不断沉沦；而赏识教育则会让孩子在“我是好孩子”的心态中觉醒，进而快乐地成长。

那么父母应该如何做到赏识教育呢?

◆积极暗示

积极暗示可以看作是一种不露痕迹的赏识教育方法，能给孩子增加力量、勇气、快乐和信心。一位妈妈就很擅长利用积极暗示法来进行赏识教育。

这位妈妈有个上五年级的儿子，她很清楚，若成绩不好，儿子就不能上重点中学。于是妈妈开始注重儿子的每次考试，连平时的每周小考都不放过。就拿周考的数学卷来说吧。第一次拿到试卷时，儿子的成绩还没到60分，妈妈并没急，而是对儿子说：“你看，这道题你的方法正确，说明你思维分析能力很好。如果计算不出错的话，这次成绩就能突破60分了。妈妈相信你接下来会重视计算结果的准确性的，加油！”

第二次小考时，儿子的成绩是73分，而他的计算不仅全对了，应用题也比上次少错了两道。这次妈妈又说：“你的进步很大，妈妈为你骄傲。其他的错题，你再仔细审一遍题，看是方法不对，还是因为对题的理解不够。找到原因，再重新做一遍，不懂的上课认真听老师讲，妈妈相信你下次考试时就能突破80分了。”结果儿子开心地照做了，而再次考试时，儿子的成绩达到了91分，已经上升到了全班成绩的前列。

就这样，到五年级期末考试时，儿子各科成绩都上升到了班级前列，小学毕业时如愿被重点中学录取了。

全国知名教育专家卢鸿鸣先生就很擅长运用积极暗示，并且认为其作用不可估量。因此，父母要多用积极暗示来鼓励孩子。

◆以孩子的闪光点为契机开始赏识教育

每个孩子都有优点，父母找到孩子的优点，并以此为契机多给予赞扬，引导孩子树立自信心，激发孩子克服困难的勇气，总有一天，孩子会给父母带来惊喜。

四年级的昊昊一直以来都以调皮捣蛋著称，作业不写，考试不及格，老师和爸爸甚至都放弃他了，但妈妈并不认为儿子一无是处。这天，她带儿子去买一个他心仪已久的玩具，路上遇到一位乞讨的老人，衣衫褴褛，非常可怜，昊昊看看他，又摸了摸兜里的十块钱，犹豫了一下，还是掏出来递给了老人，然后很懂事地扭头对妈妈说自己不买玩具了。妈妈见到他的善良举动非常开心，马上因势利导说他具备非常难能可贵的高尚品德，是很多人都不具备的。而那天回家时，昊昊一路都显得非常开心，回家后还主动拿出了作业，并且在妈妈的帮助下，第一次将家庭作业全部完成了。

父母要全方位地寻找孩子的闪光点，然后以闪光点为圆心，不断放大孩子的优点，照亮孩子成长的路。

◆赏识教育是随机的

赏识教育是随时随地的，不是父母刻意去创造机会实施的，只要见到孩子有正面积极的行为，有点滴的进步，赏识教育就要跟上。切不可认为事小，就不去赞扬。

◆家校同步

父母看到孩子的进步，也要记得与学校老师及时沟通交流，让老师也能够看到孩子的进步，并且让老师配合赏识教育，这样更有助于孩子的进步。

赏识教育，少批评，并不代表不批评，有错就要指出来。因此，父母在对孩子采取赏识教育的同时，也不要忘记根据实际适时适度地指出孩子的“美中不足”，让孩子学会明辨是非。

让孩子学会欣赏自己

◆借助游戏让孩子学会欣赏自己

◆让孩子感觉“我很重要”

◆让孩子感觉“我能干”

◆让孩子知道“我也美丽”

自信是健康心理的重要标志，而悦纳自我、对自己赏识是自信的基础，也是帮助孩子建立自信、培养孩子自我赏识能力的重要手段。孩子最初对自我的认识、赏识是通过别人的评价，尤其是孩子心中的权威人物的评价，这时候，这个权威人物的评价就起到了强烈的暗示作用。而孩子心中的权威人物，多半是老师和父母，尤其是父母，因此父母要引导孩子学会自我赏识，帮助孩子建立起强大的自信心。

曾经有位妈妈为10岁的女儿苦恼不已，因为她不但各科成绩不好，唱歌、跳舞、绘画、运动，没一样行。妈妈苦恼，其实孩子也一样，不但对学习提不起兴趣，甚至有时候还说自己就不该来到这个世界上。后来妈妈带她路过一家宠物店，她看到有可爱的小猫，于是就央求妈妈给她买一只。见女儿这么喜欢，妈妈就买了，只是要求女儿要自己照顾这只小猫，没想到，女儿将小猫照顾得非常好，还说长大后也要开一家宠物店。看着女儿对小猫满脸的宠溺，并感受着女儿心态积极的变化，妈妈的苦恼也渐渐消失，并且她不断对女儿强调她是一个非常有爱心的小姑娘。就这样，女儿心态越来越好，再也没有过厌世的情绪，同时学习上也有了一定的进步。

每个孩子都有自己的优点和长处，只要父母用心就能发现，同时，赏识也要尊重孩子的个性，让孩子在认识自己的基础上学会自我欣赏。那到底父母该如何引导孩子学会欣赏自己呢？下面几点建议供各位父母参考。

◆借助游戏让孩子学会欣赏自己

可以采用一个非常简单的游戏，让孩子和父母的自我价值都得以提高，即亲子间相互找对方身上的优点，并相互欣赏。在游戏中，注意按以下几步来操作。

第一步：先规定找几处优点。

第二步：爸爸或妈妈先找孩子的优点。如孩子懂得帮做家务，此时就可以说他有勤劳和懂事两个优点，并以他做家务的例子来说。

第三步：孩子找爸爸或妈妈的优点。孩子如果不懂得怎么找，父母可以引导孩子，可以问孩子，爸爸或妈妈工作是不是非常努力啊，是不是一直都能保持房间清洁等。

第四步：自我欣赏。相互欣赏之后，将刚刚被对方欣赏的地方，自己再欣赏一遍，欣赏的时候要带上自己的名字。例如孩子名叫晴晴，可以让她这样对自己说："晴晴，我很欣赏你的勤劳，你喜欢帮妈妈做家务，你非常懂事，我欣赏你！"

这个欣赏与自我欣赏的游戏每天都可以进行。欣赏本身就是一股积极正向的能量，每天进行这样的练习，会不断提升孩子的自信心，让孩子内心充满力量。

◆让孩子感觉"我很重要"

"我很重要"，孩子若能有这种感觉，会是他今后确立自尊心的先决条件之一。在孩子帮忙做一件事时，哪怕仅仅帮你递来一张纸、一杯水，也要说声"谢谢"，让孩子感觉到自己的作用。培养孩子做家务的习惯，这不仅是锻炼孩子独立自主的能力，同时也是有意识地让孩子感觉到他是家庭中的一分子，让他感觉到在家中的位置和作用，这对孩子的身心健康发展是非常有益的。

◆让孩子感觉"我能干"

在生活中让孩子有"我能干"的感觉，父母可以给孩子创造一些他力所能及的事情，如自己洗衣服、自己做一些决定等，尽量在生活中避免命令式的"这些不能动""那个你不行"这类的话。让孩子有"我能干"的感觉，是孩子自我欣赏、自信心确立的基础。

◆让孩子知道"我也美丽"

孩子在父母心目中都是最美的，然而，随着年龄的长大，孩子有了审美观，对自己的容貌开始非常在意了，有些可能会觉得自己不够白、不够美，心里生出些许的自卑感，这时候父母就要进行积极引导。如有的孩子说自己黑，父母不妨说这是"黑里俏"；有的孩子眼睛小，父母可以说"这是一种文静美"；有的孩子说自己个子不够高，父母可以说"这是一种玲珑可爱美"……父母保持这种乐观以及善于发现美的心态，并展露于孩子面前，让孩子也感受到积极的一面。

让孩子学会欣赏自己，父母还要做到无条件接纳孩子，这样更有利于孩子产生自己接纳自己、自己欣赏自己、自己喜欢自己的感觉。同时，父母还要多给孩子行为上的积极评价，这样会让孩子感受到无穷的力量。

赏识≠简单的夸奖

◆赏识要发自内心

◆夸孩子做事的态度

赏识教育对于现代父母来说并不陌生，越来越多的父母都开始尝试对孩子进行赏识教育。可事实上，有些父母并没有真正理解赏识教育的内涵，而是盲目赏识，不但不能让孩子从中获益，还会给孩子带来各种各样的问题。

甜甜正在阳台上看书，妈妈看到后说："甜甜真棒！"结果甜甜不但不开心，还不屑地说："能不能有点儿新鲜的。"甜甜的妈妈其实是崇尚赏识教育的，所以，从孩子懂事起，她就经常将"你真棒"挂在嘴边。甜甜小的时候，这种简单的夸奖的确能激起她的热情，但是随着年龄逐渐增长，甜甜慢慢发现妈妈的夸奖掺杂很多水分，根本不切合实际，于是再也不相信妈妈的"你真棒"之类的夸奖了。

简单的"你真棒""你真聪明"等，看似没什么，其实，它会给孩子的成长带来很多消极影响，如孩子对父母的信任感降低、孩子的自我价值感降低、孩子变得自大或自负等。

因此，父母不能将赏识教育当成是简单的夸奖和奖励，它是对孩子做事的过程、努力态度的一个认可、肯定。那具体该怎么做呢？下面几点父母可借鉴采纳。

◆赏识要发自内心

赏识孩子要发自内心，盲目的、假惺惺的赞美自然收不到好的效果。知心姐姐卢勤说过自己小时候的经历，她说："小时候妈妈给我的鼓励是我一辈子都不会忘记的，我觉得妈妈给我的爱，就表现在对我的鼓励上。我做的每一件事情，妈妈并不是在刻意赞扬，而是发自内心的情感表达。我5岁的时候，有一次，一个人在家收拾屋子，妈妈一回来，就说：'哇，是谁这么勤劳把屋子收拾得这么干净！'于是我就从门后边站出来。妈妈说：'真想不到是你，你可真能干！'就这一句话，我便爱上了收拾屋子的活儿，总想给妈妈一个惊喜。"

这种以父母真挚的爱为基础、发自内心的赞扬，才能真正让孩子感觉到，赞扬的目的也才能达到。

◆夸孩子做事的态度

夸奖孩子的动机和态度要比夸奖孩子的结果更重要。

娇娇的妈妈很重视对娇娇的赏识教育，而且效果也很不错。一年级时，娇娇的妈妈就给她报了国画班。每次课后，老师都会留一项作业，就是在家画一幅课上所学的画，画什么样都没关系，只要画就行。娇娇照老师说的做了，回家就将一应用具都摆好，然后开始画，只是画得实在太马虎，不到五分钟时间，她就算把“作业”完成了。

妈妈见到后，首先针对娇娇主动完成绘画作业的行为进行了表扬，看孩子还挺开心的，接着便指出了她敷衍态度的不足，并表示如果她能根据老师的指导，再画认真些，可以让她的画更好。接下来，娇娇果然改变了绘画的态度，最终完成了一幅还不错的绘画作业。而此时妈妈也是适时抓住机会，夸奖了娇娇认真完成的态度，同时针对娇娇对绘画中的一些细节处理也进行了赞扬。就这样，娇娇在妈妈一步步的引导和赏识教育中，很快便在国画上有了明显的进步。

一件事，孩子完成的结果如何固然重要，但更为重要的是孩子完成这件事时的态度。一项作业可能大家都完成了，但有的以敷衍的态度为完成作业而完成，而有的却是非常用心地将每道题都解析清楚。虽然结果一样，但因为中间完成时的态度不一样，最后收到的效果就大不相同。

总之，父母要记住，赏识并不等于简单的夸奖。

走出“理想孩子”的心理误区

◆不以分数论英雄

◆允许孩子有不小心

◆宽容孩子的坏习惯

◆宽容孩子的缺点

生活中有不少父母，一边采取赏识教育，一边又容不得孩子有半点错误和不足存在，心中总住着一个“理想孩子”。达到了这个“理想孩子”的标准，父母就给赞赏；一旦达不到，就是责备，这种教育法可能会影响孩子的健康成长。

有道是“一个未曾犯过错误的人永远也不会成熟”，在孩子成长的道路上，总是会存在一些错误和不足，但对孩子的成长来说，这些同样是一笔难得的财富。因此，父母若赏识孩子，就要对孩子少一些责备，多一些宽容，少一些误会，多一些理解。如此，才能解放孩子的天性，让他们充分释放自己的能量。父母要走出“理想孩子”的心理误区，在赏识的同时，也要给予孩子犯错的空间。那具体该怎么做呢?

◆不以分数论英雄

不少父母以学习成绩好坏来判断孩子是否优秀，成绩好了，就说孩子有出息，成绩不好了，就数落孩子一通，到头来孩子只会厌弃学习。

晓晓的爸爸对她要求非常严厉，从一年级开始，就要求她各科成绩都不能低于90分，达到这一标准的话，爸爸就高兴地带她去吃一顿大餐以示奖励；若达不到90分，爸爸就要求她每张卷子抄两遍，还说她将来肯定考不上好大学。结果，本来成绩还不错的晓晓成绩反而越来越差。

赏识孩子，就应该宽容孩子的各种问题，并给予孩子理解，找出问题的原因，并加以解决。尤其是学习，会有各种各样的问题存在，一次成绩没考好，并不代表孩子就差。同时，孩子的成绩并不代表一切，或许孩子学习成绩一直都很差，但在其他方面有特长，那么都值得赏识。

◆允许孩子有不小心

赏识孩子，要允许孩子生活中有不小心，若孩子不小心摔坏了东西，这是再常见不过的了。对这些不小心，孩子其实内心已经很内疚和难过了，甚至还有恐惧，此时父母要给予孩子宽容，不要批评和指责，否则孩子感受到的只会是恐惧，而淡化了事件本身，同时还会疏远亲子间感情，更有甚者，孩子为了不受责备和批评，会隐瞒真相。

因此，父母要宽容孩子生活中的不小心、失误，让他们在宽容的教育中得到教训，同时在他们知错后，也不要忘记及时给予“知错能改”的褒扬。

◆宽容孩子的坏习惯

谁都不是十全十美的，再完美的孩子身上可能也有一些坏习惯存在，而父母在赏识孩子时，也要宽容这些坏习惯，然后引导孩子改正。

二年级的欣欣突然出现了啃指甲的坏习惯，妈妈强行制止了她几次后，不但没能改掉，反而更严重了，甚至有时候两个手的指甲可以多天不剪，她自己完全可以将长出来的部分啃掉。为此妈妈很苦恼。

有一次妈妈遇到一位心理学家，聊起欣欣的这一习惯后，心理学家告诉她，这多半是缺乏安全感、心理焦虑造成的。后来妈妈思前想后，想着在家中并没有给欣欣太多的压力，父母关系融洽，家庭一直和睦，欣欣也不该缺乏安全感。于是她便找欣欣的班主任沟通了一次，结果发现欣欣一段时间以来的作业情况很不理想，在作业上经常受到老师的批评。妈妈认为这个就是欣欣产生焦虑和不安的因素。于是便不再责备她啃指甲，而是每天都辅导欣欣按时、按质、按量地完成作业，一段时间以后，欣欣不但改掉了啃指甲的习惯，整个人的精神状态也大有好转。

所以，父母还要宽容孩子的坏习惯，找到原因后慢慢引导，孩子还是愿意改掉坏习惯的。

◆宽容孩子的缺点

赏识孩子，不但要夸奖孩子的优点和长处，激励孩子的进步、努力和勇敢，更要正确对待孩子的缺点、短处以及身体上存在的缺陷。多赏识和鼓励孩子，能够让孩子克服这些不利因素对孩子的影响，进而让孩子健康成长。

还记得舟舟吗？那个患有先天愚型病症的指挥天才，他不能独立生活，上不了大学，也不能像正常人一样工作、生活。但是他的父母没有放弃他，而是不断帮他找适合他的事情来做，结果在一次偶然路过音像店的时候，妈妈发现了他的天赋，由此舟舟便给大家带来了一次又一次的指挥。

邓朴方说：“一切生命都是伟大的！”面对孩子的缺点和缺陷，父母不能嘲讽、责怪甚至放弃，而应以赏识孩子的态度，鼓励孩子、安慰孩子、拥抱孩子，让孩子感受到爱，感受到你对他的信任，帮助孩子建立自信，同时更要注意发现和培养孩子的闪光点，让孩子自信生活和工作。

赏识教育不能走入“理想孩子”的心理误区，要允许孩子犯错，允许孩子有诸多的不完美，只有在一次次犯错中，孩子才能越来越成熟，只有在一次次不完美中，孩子才能得到一次次历练。

用欣赏的眼光看待不同个性的孩子

◆孩子不同，个性不同，父母要学会用欣赏的目光看待孩子

《题西林壁》中有一句诗句写得好：“横看成岭侧成峰，远近高低各不同。”看物是这样，看人其实也是这样。每个孩子都有其独特的个性，而父母要做的，就是用欣赏的目光去看待这些不同个性的孩子。

曾经有位爸爸苦着脸说：“我这辈子活得太失败了，养个儿子却养出来个冤家，在外面打架斗殴，还跟我顶着来，这孩子算是废了。隔壁家的孩子乖巧懂事，从来不给他爸妈惹事，学习成绩还名列前茅，你说我怎么就没有这样的福气呢？”孩子的舅舅却不这么认为，他满脸自豪地说：“孩子在外面打架是为同学打抱不平，其实他一身的正气，这孩子将来准错不了。”

每个孩子身上都有优点和长处，只是他们的个性不同，有的积极乐观，有的消极悲观，有的踏实稳重，有的张扬高调……但不管怎样，父母都要懂得用欣赏到眼光去看待他们，去赞扬他们值得被赞扬的地方，以满足他们渴望被欣赏、被赞扬的心理需求。

下面我们就针对几种个性不太受欢迎的类型孩子具体说一下。

1.消极型孩子

个性：消极型孩子大多表现为沉默寡言、孤僻、害怕见生人，性格内向，

做事从不积极主动，属于不太讨人喜欢的孩子类型。他们很少会缠着父母问东问西，也不会要这要那，甚至对自己完全陌生的事物，他们也从来不想有半句疑问。一般情况下，这类孩子身体可能会显得不够强壮，且遇到事儿哪怕很小，也容易情绪紧张。

建议：这类孩子更需要父母的欣赏、鼓励和支持，所以当孩子遇事紧张时，不要挖苦讽刺孩子，如“胆小鬼”“胆小怕事”“缩头乌龟”等词语不要说，而是想方设法帮助孩子放松心情，缓解他的紧张情绪。哪怕是孩子犯了大错，父母也尽量避免采取惩罚的手段。

反过来，如果孩子有很小的进步或者积极主动的表现，父母要抓住这一机会，给予孩子鼓励和表扬，告诉他，他的主动让大家看到了一个不一样的他，同时还要对他的积极表现做出评价。若孩子生活中在积极主动上非常欠缺，那么不妨做一下引导。例如孩子在看一本书，妈妈可以问他喜欢书中的哪个角色，为什么会喜欢那个角色，这个角色给他带来了哪些启发等。让孩子在这些引导性的话语中学会思考和选择，以慢慢改善他消极的态度。

2.张扬型孩子

个性：与消极型孩子不同的是，张扬型孩子总爱刨根问底，总要拉着父母问东问西，且天马行空，问得父母都不知道该怎么回答。同时他们还特别喜欢在人前表现自己，也喜欢当众贬低他人。心理学专家认为，这类孩子需要父母正确的引导，不要让孩子继续发展下去，否则可能会变得很自我，成为独享主义者。

建议：对于孩子的提问，父母不要介意说“我不知道”，或者等找到答案后再告诉孩子。但注意不能敷衍孩子，也不能欺骗孩子给孩子错误的答案。同时要引导孩子每个人都有自己的优势所在，不能只表现自己而贬低别人。若孩子立刻就认错了，答应以后不再过于张扬，父母要及时给予他赏识的回应。

也可以采取冷处理的办法，父母偶尔的态度冷淡，可以压制孩子张扬的个性，让孩子懂得收敛。不过要注意的是，这种冷处理并不是要疏远孩子，因此永远不要说“我不喜欢你，离远点儿”这样的话，要让孩子感受到来自父母的爱，对改善他张扬的性格更有好处。

3.好动型孩子

个性：好动型的孩子最是闲不住，跑来跑去，还连带着大喊大叫，哪怕已经筋疲力尽了也不愿意停下来。他们也不愿意自己一个人在室内待着，不是需要父母陪着，就是需要伙伴陪着。他们这种好动的性格会带给他们过高的兴奋和反应性，因此注意力往往难以集中，在学校中属于不守纪律一族，父母对他们的约束也让他们如坐针毡。让他们安静下来好好读会儿书，或者写会儿作业，是件很困难的事情。

建议：父母可以给孩子安排他最感兴趣的事情来做，同时在做事之前，给孩子提出几个问题，以培养他的专注力和耐心。如孩子喜欢某部动画片，父母可以让他安静地去看，不过要让孩子带着问题去看："最喜欢动画片中的哪个主人公""动画片中某某的能量来自哪里""某集主要讲的内容是什么"等。只要在看完之后，他能将这些问题回答出来，不管答案如何，是他经过认真思考后得到的答案，父母都要给予赞赏和鼓励。

同时，父母也不妨将有关动画片的小说、画册等拿给他阅读，在提起他阅读兴趣的同时，还不忘培养他的耐心。

也可以给孩子安排一些诸如拼图、围棋类的游戏项目。起初孩子可能不太感兴趣，也坚持不了多久，父母要鼓励孩子。同时也可以采取一些小技巧来激发孩子的兴趣，比如在下围棋时，有意识地输掉一局，让孩子获得一定的成就感。只要孩子坚持的时间比上一次长，在某件事中表现出耐心，就要及时给予孩子肯定和赞赏。

每个孩子都有自己不同的个性，不管哪种个性，只要父母积极引导，并在进步之处给予欣赏和鼓励，孩子都能活出自己的精彩。

赏识教育VS挫折教育

◆赏识教育和挫折教育要相结合

如今绝大多数家庭都是独生子女，因此大家对家庭教育非常重视，由此，不同的家庭教育方式方法也甚嚣尘上，而被大家吵得最凶的就是到底采取赏识教育好，还是挫折教育好。

那么为了孩子们的健康成长，我们究竟应该实行赏识教育还是挫折教育呢？下面我们首先来看一下到底什么是赏识教育，什么是挫折教育。

赏识教育和挫折教育

不同教育方式	释析
赏识教育	在承认差异、尊重差异的基础上产生的一种良好的教育方法，其核心是给予孩子信心，让孩子感到自己能行。
挫折教育	磨炼意志，提高挫折抵抗力的一种教育方法，其关键是适度地让孩子跌倒，甚至制造机会让孩子面对失败。

儿童作家鲁冰说："赏识教育和挫折教育的提法都容易给人造成误解，从而走向极端。哪个孩子不需要欣赏、哪个孩子不需要经历挫折？这些本来是成长中的正常现象，但是一旦被抽取出来加以强调，就给大众造成误解。"同时鲁冰还说对待孩子的教育应"顺应、遵从自然规律"，他说："什么事人为操纵了，目的性太强了就不好。就像喝牛奶一样，你只要给我一杯从牛身上挤出来的、什么也不加的新鲜牛奶就好，我不要加了各种香精、防腐剂的牛奶（甭管多么高级的），也不关心你化验出来多么精确的营养成分。"

我们从鲁冰的这两段话中就能看出来，到底采用赏识教育还是挫折教育不能一概而论，毕竟教育的对象是有思想、有情感的人，赏识教育和挫折教育不能被单独抽取出来谈论或使用，因为每个孩子都需要被欣赏，每个孩子也都需要经历挫折，这才是真实的人生。

著名特级教师韩军也认为，教育应是十八般武艺，欣赏、激励、批评、惩罚等，缺一不可。世界上没有包医百病的灵丹妙药，面对知识、能力、性格、经历、家庭都不一样，而且思想不断变化着的孩子，需要将赏识教育与挫折教育相结合。

因此，最终我们可以得出这样一个结论：赏识教育和挫折教育并行。

儿童时期是人格以及个性心理形成的关键时期，一味地遭受挫折，或者一味受到赞赏，都不利于孩子的个性心理健康，只有两者结合才能让孩子拥有积极健康的心理。

挫折是人生中不可避免的一部分，让孩子适当感受挫折、在挫折中掌握积极应对的方式，提高抗挫能力，对孩子的一生发展意义非常。如果在孩子经历挫折时，父母及时给予积极的引导，让孩子拥有面对挫折的正确心理，并告诉孩子，父母永远是他坚实的后盾，并与孩子一起寻求解决的办法。那么在整个解决问题的过程中，孩子会觉得有了充足的动力。当挫折经历、问题也解决后，给予孩子赞扬，让孩子对自己有个肯定，孩子会对自我更充满信心，将来在遭遇挫折时，抗挫能力更强。如此将赏识教育和挫折教育相结合，不但有利于孩子积极健康心理的形成，还有助于孩子健全人格的形成。

现在我们知道了赏识教育和挫折教育要并行，不过以下两点需注意。

1.赏识教育不能过火

给予孩子适当的赞扬和鼓励没错，但不能太过，否则会适得其反，让孩子形成娇纵、傲慢的性格。孩子一旦有了自傲的心理，那么接下来抗挫的能力就会受到阻碍，尤其是成长中，孩子遇到较大的挫折而不能解决的时候，会严重挫伤他的积极性以及自信心，甚至对自己表示怀疑，进而对生活、学习失去兴趣。

2.挫折教育不能人为制造

挫折教育的目的是在积极引导的基础上，让孩子学会在挫折面前具备应有的心理准备、思维模式以及应对方法，并不是为了让孩子有挫折经验有意而为之的惩罚性教育方法。

不少父母为了让孩子经受挫折，动辄就对孩子来一顿打骂，这种方式不可取。孩子，不管是小学生，还是初、高中学生，心智发育都不完全，父母或者老师总以强硬的态度批评或者体罚，会给孩子带来严重心灵创伤，不但达不到挫折教育的效果，还会让孩子出现逆反心理，严重影响孩子的发展。

还有不少父母为了提升孩子的抗挫能力，让孩子去参加挫折夏令营，完全像成人一样接受残酷的军事化管理；抑或有的父母让孩子从小去学习武术，不是为了让孩子在武术方面有造诣，而完全是为了“打造”“磨炼”孩子坚毅的性格。

诸如以上这些，不管是父母打骂，还是让孩子参加挫折夏令营以及为了磨炼孩子的意志，人为去给孩子制造挫折机会，往往会让孩子生出恨意，进而产生逆反心理，不利于孩子的成长。父母们应该将孩子成绩不理想、比赛输了、与同学相处不融洽等这些自然发生的事作为挫折教育的素材，引导孩子去积极面对、解决。

因此，在家庭教育中，父母要注意将赏识教育和挫折教育相结合，同时还要注意不管是赏识教育，还是挫折教育，都要适当且合理。

第五章

唤醒：唤醒成长内力使优秀水到渠成

教育的意义不在于传授多少知识给孩子，而在于唤醒孩子。孩子都像一头沉睡的狮子，而教育就是默默付出的“助手”，帮助每一位父母唤醒孩子的心智和灵魂，唤醒孩子的成长内力……

唤醒教育让孩子自然健康成长

◆唤醒教育，最重要的就是唤醒孩子的自我认同意识的成长

苏格拉底和他父亲针对雕刻有场对话。

“父亲，怎样才能成为一个好的雕刻师呢？”

“你看，就以这只狮子为例吧！我不是在雕刻它，我只是在唤醒它。”

“唤醒？”

“是的，这只狮子本来就沉睡在这块石头里，我只是将它从石头的监牢里解放出来而已。”

其实，每个孩子就像那只沉睡在石头中的狮子，正在等着父母慢慢去唤醒。而教育就是默默付出的“助手”，帮助每一位父母唤醒每个孩子的心智与灵魂。所以，我们说，教育的意义并不在于传授多少知识给每个孩子，而是在于唤醒每个孩子……

特级教师、教育博士刘玮说：“‘为唤醒的教育’主张教育就是自然的生长。我们希望一切的教育目的、教育价值和教育方式都能回到教育的原点，即儿童的自然成长。从教育的本质出发，遵循儿童身心发展的规律，让童年在适切适度的教育中与成长相遇。”

孩子来到这个世界上的那一刻，便开始了一个人的生命成长。但凡生命成长，都有其自身的规律，在孩子的教育问题上，父母要尊重孩子的生命成长规律，促使孩子健康成长。然而在孩子的成长中，父母掺杂了太多的“功利目的”“私心”，要求孩子学习和吸收知识，将来成为“人上人”。

《中国教师报》2018年5月2日第13版刊载了北京实验学校校长的一篇文章，他在其中讲道：“教育即生长。这道出了教育的本义，就是要使每个人的天性和与

生俱来的能力得到健康生长，而不是把外面的东西灌进一个容器。用功利目标规范生长，结果必然是压制生长，实际上仍是否定了教育即生长。懂得了教育即生长的道理，我们也就清楚了教育应该做什么事。比如说，德育是要鼓励崇高的精神追求，而不是灌输规范；智育是要发展好奇心和理性思考能力，而不是灌输知识；体育是要强身健体又健全心理，而不是灌输技能；美育是要培育灵动丰富的灵魂，而不是灌输技艺。”

传授更多的知识给孩子，是为了让孩子的人生更充盈、更丰富，不应该掺杂太多父母的功利心在其中。父母要时刻牢记教育的初衷——唤醒，唤醒孩子的智慧、理性、品质等生命的正能量。当孩子的求知欲望和生命的力量被唤醒后，孩子会由被动转为主动去接受知识、去探索未知，会全身心投入学习与生命成长的体验中，同时孩子会培养自己独立思考的习惯，懂得明辨是非，少走弯路，而这也正是教育孩子的大智慧。

◆唤醒教育，最重要的就是唤醒孩子的自我认同意识的成长

自我认同意识能够让人意识到自己的长处和缺陷，进而发扬所长、避其所短，进行自我教育。现如今的教育，孩子少了自尊、自爱、自立、自主、自强和自信的自我体验，基本上就是父母“替代式”和“分数至上”的教育理念。而想要唤醒孩子的自我认同意识，不妨先从对孩子的评价开始转化。即从“唯分数”的评价向多元素养评价转化；从冰冷的工具式评价向温暖的人文评价转化；从横向比较式评价向纵向发展式评价转化。

其实，实现这几个评价的转化并不是多难的事情，父母可以为孩子制订一个达标卡，其中包含有艺术素养、实践创新、人际交流、思想品德、自主劳动等项目。

实现评价转化表

项目	达标							未达标						
	周一	周二	周三	周四	周五	周六	周日	周一	周一	周三	周四	周五	周六	周日
艺术素养														
实践创新														

续表

项目	达标							未达标						
	周一	周二	周三	周四	周五	周六	周日	周一	周一	周三	周四	周五	周六	周日
人际交流														
思想品德														
自主劳动														
……														

达标卡以周为单位，并设定一个奖励制度，所有项目都达标给予孩子什么奖励；其中两项达标给予什么奖励；三项达标给予什么奖励……这个根据孩子的实际情况由父母自己来定。

以每周为一个阶段，每个阶段都对孩子进行一个检测，看孩子哪些方面做得好，哪些方面做得不好，做得好的鼓励支持，做得不好的，分析原因并提出改进意见和建议，这样就形成了一个综合评价。孩子不再有“唯分数论”的不满，不再有与他人比较中的失败感受，只有个性化成长的不断改进与完善。

唤醒孩子的成长内力

◆用平等的心态与孩子交心

◆保护孩子自由的天性，给创造力充足的生长空间

◆激发孩子的好奇心和学习力

现实中，常见两类家长，一类家长是对孩子的学习异常上心，早早就为孩子报了各种培优班和兴趣班，利用一切空闲时间陪读，晚上熬夜监督孩子写作业，但孩子的学习成绩却总是提不上去，孩子累，家长更累。而另一类家长却显得非常轻松，一有空就带孩子去图书馆、博物馆或者郊游，课外只报一两门孩子最喜欢的兴趣班，孩子学习却非常自觉，不但成绩优秀得令人羡慕，而且多才多艺，

兴趣广泛，心理方面也非常健康。

为什么会出现这种差别呢？究其原因，不过是因为第二类家长唤醒了孩子成长内力的觉醒。“内力觉醒”这个名词与一位名叫曲刚的父亲有密切关系。曲刚不但本人颇有成就，在教育孩子上也有一套自己的方法，她的女儿非常优秀，成绩在全北京市名列前茅，才艺样样精通，身心健康，真正的全面发展。

很多家长都很好奇这样的女儿是如何培养出来的，曲刚说，他只是在孩子10岁前进行了内力觉醒启发。内力是指人的天性中原始拥有的进步、成长的心理力量。每个孩子都具有的好奇心、探索欲、求知欲就是成长内力的重要组成部分。

“内力觉醒教育就是要在实施教育之前首先唤醒孩子对世界的深度好奇心、爱心、快乐感、幸福感，就是要让孩子先深度热爱这个世界，然后唤醒孩子发自内心的巨大力量去学习这个世界的知识，甚至完全不用教他这些知识，他自己就会去寻找。”

合格的家长，要唤醒孩子的成长内力，但具体应该怎么做，大多数父母并不清楚。其实我们只要紧紧抓住成长内力的主要内涵——好奇心、探索欲、求知欲、快乐感、幸福感等，然后从生活中的每一件小事入手，将教育理念渗透到日常生活中，引导、激发、保护那些良好的心理特质，就会看到孩子令人惊喜的进步与变化，最终让孩子拥有极为强大的精神力量和心灵动力。

我们可以试着从以下几个方面做起：

◆用平等的心态与孩子交心

孩子的内心力量，要用父母的心灵才能唤醒。要在生活和学习中细心观察孩子，关注孩子细微的内心感受和情绪、行为的变化，并且适时以平等、亲切、体贴的态度和孩子谈心，了解孩子的心理诉求。现实中，很多“问题”孩子，都是内心需求长期得不到关注导致的。只有孩子感受到爱与温暖、理解与共情，心灵才能得到源源不断的营养，才能获得持续成长的自发力量。

有一位妈妈每天接孩子放学时，总会问：“今天学校有什么开心有趣的事吗？”相比于学习、作业这样的话题，这样的问话更容易让孩子打开心扉。每天晚上临睡前，她还要和孩子进行10分钟的“卧谈”。通过这样平等、贴心的交流，亲子关系非常好，孩子也更容易接受母亲的教育观点，所以这个孩子身心健康，成绩优秀，生活得非常阳光。

◆保护孩子自由的天性，给创造力充足的生长空间

孩子天性崇尚自由，贪恋玩乐，很多伟大的发明创造其实都源于自由的思想和玩耍，如荷兰科学家列文虎克正是在玩放大镜的时候才发明了显微镜。因此我们对孩子一些天空行空的奇思妙想，一定要给予保护和鼓励，更不要斥责孩子贪玩，相反，我们要降低身份，像小伙伴一样陪孩子玩耍，很多时候，创造力正是在这样的时刻中孕育。

在陪孩子玩的过程中，我们可以尝试这样做，来保护和激发孩子的创造力：

首先，重视玩的过程而非结果。

孩子往往在做游戏或做手工的过程中，会故意捣乱，结果往往会不尽如人意。但创造力的产生往往是在玩的过程中产生的，因此我们要让孩子自由自在享受玩的过程，允许他们天马行空，鼓励他们一些奇妙的新想法，这样孩子会越玩越开心，思维更加活跃，创造能力也自然会越来越强。

其次，专注参与，适时提问。

在陪孩子玩的过程中，我们要带着一颗童心专注地和孩子一起玩，做一个专注、投入的参与者，和孩子一起关心玩的方法、进度等，同时真诚而适时地提出一些问题，启发孩子思考。例如，在和孩子一起玩做“会变色的面粉”的科学小游戏时，向面粉中加入碘会变成蓝色，这时你就可以提问：面粉加什么东西会变红？孩子一定会非常好奇，可以借此机会引导孩子查资料，了解一些科学知识，同时可以鼓励孩子用彩色面团创作手工作品。

最后，与孩子分享你的反思。

在和孩子一起玩过之后，你可以和孩子谈谈你对“亲子同玩”的感受和体会，孩子一定非常喜欢听，通过倾听你的反思，孩子也会很自然地对玩的过程进行认真反思。经常进行这样思想的交流和碰撞，通过展示和讨论各自的创意，你会发现不仅自己脑洞大开，孩子也在不知不觉中得到你的帮助，成为一名创造性的思考者和学习者。

◆激发孩子的好奇心和学习力

好奇本是孩子的天性，父母可以经常带孩子去接触社会生活和大自然，让他们看到大千世界的同时，对所有看到的、经历到的一切产生浓厚的兴趣，然后再引导他们进一步探索这些现象背后的知识，这是激发学习力的有效方法。如带孩子去博物馆，可以借此引导他们探求历史文化知识；与孩子一起看英文原版动画片和电影，可以激发孩子学习英语的兴趣；和孩子一起玩思维游戏，可以增强孩子学习数学的能力，等等。

前文所提的曲刚教授为了激发女儿对音乐的热爱和学习力，从女儿一出生就播放各种音乐给她听，除此之外还带她去感受大自然和人类社会的一切美妙的声音。最终，这样的无声熏陶激发了女儿追求音乐的强大内力，“3岁左右就可以长篇地唱出大段交响乐作品”，“13岁时从没学过乐器的女儿，在不到十天的时间里，自己作词作曲创作了一首英语歌曲，并自己弹唱演奏”。

最好的教养，是让孩子自然成长，是以心灵唤醒心灵，以美好唤醒美好。每一个孩子都是沉睡的天才，都有着天然强大的成长力量，我们要做的，只是唤醒这种力量，孩子自我成长的内力一旦觉醒，优秀便是水到渠成的事。

叫醒沉睡的真善美

◆从阅读中感受真善美

◆通过观看动画片让孩子领悟真善美

长期以来的教育误区，将教育当成了严肃苦行僧生活，尤其是“望子成龙”“望女成凤”的父母们更是如此。在背离孩子自然健康成长的教育之路上，大多父母忽略了一个关键的问题——教育的初衷，而现在静心来想，哪个父母不想孩子的人生充满幸福和快乐呢？而幸福和快乐的前提是保持孩子的“真善美”。

“真善美”是教育的起点，同时也是教育的归宿，具备真善美的素养是作为一个人的基本素质。而且从某种意义上来说，唤醒教育就要唤醒人类心灵中的真、善、美。

唤醒孩子沉睡的真善美，需要采取哪些措施呢?

◆从阅读中感受真善美

扩大阅读量，让孩子从阅读中感受真善美，帮助唤醒孩子的真善美。当然，阅读什么书籍，要有选择性，能突出真善美的才行。例如，国学经典中的《三字经》《弟子规》等，都适合孩子阅读、背诵。

此外，对于三年级及以上的孩子，我们特别推荐以下三本书。

1.《朝花夕拾》

这是一本鲁迅先生的散文集，也是一本很好的人生观启蒙书，写的是鲁迅先生的童年生活以及青年求学的历程。其中写到了很多与亲人、朋友、老师间难以忘怀的情谊，并伴随着正确的价值观以及道德意识，在看到鲁迅先生对人、对事的看法的同时，还能潜移默化地形成孩子的内在驱动力，成为一个明事理、辨是非的孩子。

2.《小桔灯》

这是冰心的一本关于爱、善、美的散文集，是冰心老人送给孩子们的礼物。这本书中的内容绝对不是毫无营养的鸡汤，那个镇定、勇敢、心中充满爱的小姑娘感动着无数人，那盏小桔灯就是蕴藏在人们心中的光明和希望。

全书共收录了冰心老人20多篇具有代表性的散文和小说。散文，情感真挚，富有韵味；小说，耐心寻味，生动有趣，在阅读中，会悄然在孩子心中种下爱以及活力的种子。

3.《茶馆》

这是老舍的一本充满睿智、幽默的散文集，也是送给孩子的最好礼物，它独特的幽默风格以及浓郁的生活气息，让孩子们通过阅读可以明白真善美，可以体会到哪些行为可行，哪些行为不可行。

◆通过观看动画片让孩子领悟真善美

孩子都是喜欢动画片的，很多父母可能担心看电视会影响孩子的学习，所以杜绝孩子看电视，甚至只给孩子规定很短的看电视时间。其实，有一些优秀的动画片，其教育意义还是非常强的，例如大家都非常喜欢的《小马宝莉》，就是讲真善美的，而且故事生动感人，不落俗套，只要是看过的孩子都会喜欢上它们。《小马宝莉》主要讲的是友谊魔法，其中紫悦的认真、自律、领导力，云宝的勇敢、忠诚，苹果嘉儿的诚实、喜欢运动，珍奇的慷慨大方，柔柔的善良，碧琪的乐观等，都能唤起孩子们的优秀品质。而且小马的臀部左右两边都有一个可爱标志，但这个可爱标志出生时是没有的，只有在找到他们的天赋后，这个可爱标志才会显示。

通过优秀的动画片或者一些有教育意义的亲子剧，孩子定会从中感受、领悟到真善美，这也是相对比较简单的唤醒孩子真善美的方法。当然，父母也要以身作则，做孩子的榜样，也可以有意识地培养孩子的爱心、重视孩子的品德教育。

自尊自信是成长的原动力

◆学会欣赏孩子

◆用宽容引领孩子

◆用童真的心拉近与孩子的距离

中国青少年研究中心家庭教育首席专家、研究员孙云晓老师说："成功教育是一种唤醒的艺术，唤醒孩子心中沉睡的自信和自尊，唤醒孩子心中学习的欲望，唤醒孩子为了美好未来而自觉奋斗的热情！"唤醒教育要唤醒孩子的内在动力，唤醒孩子的真善美，同时也要唤醒孩子的自尊、自信，因为它们是孩子成长的原动力。

自尊是一种美德，是促使人奋发进取、向上发展的心理因素，能使人产生巨大的精神力量。自信是一种反映个体对自己是否有能力成功地完成某项活动的信任程度的心理特性，是一种积极、有效地表达自我价值、自我尊重、自我理解的意识特征和心理状态。而我们在教育中，就是要唤醒孩子的自尊、自信。

拥有自尊和自信的孩子，心态更阳光、乐观、积极。例如，同样是成绩都不太好的两个孩子，缺乏自尊、自信的孩子在其他活动中可能会畏畏缩缩，但是拥有自尊、自信的孩子，身上似乎藏着无穷的力量，才不管什么糟糕的成绩，就是要兴致勃勃，就是要欢欣鼓舞，就是玩，也一定玩痛快了再说。但同时，若想提升成绩，拥有自尊、自信的孩子会更容易、更快速。

那该如何激发孩子的自尊、自信呢?

◆学会欣赏孩子

欣赏可以协助孩子建立起自尊、自信和自我价值感，所以，父母要学会欣赏孩子。很多父母也很清楚这一点，但苦于找不到将自己的感受清晰地传达给孩子的方法，其实，想要让孩子知道你欣赏他，只要记住最重要的一句话就行：透过孩子的行为，欣赏孩子的品质。具体可以分三步来达到。

第一步，描述事实，就是将你看到的值得欣赏的孩子行为真实地向孩子描述出来。

第二步，表达感受，就是将你在看到孩子的行为事实后内心的真实想法和感受，说给孩子听。

第三步，总结归纳，就是将你所欣赏的孩子的这一真实行为用一个具有褒扬、赞扬、赞美的词语总结出来，告诉孩子。

举个例子。超超是个有些木讷、内向、不善于与人交流沟通的孩子，但是有一天，爸爸突然发现他和隔壁的童童玩得非常开心，于是他就对超超说：“超，刚才爸爸看到你和童童玩的时候，为一个玩具说了你们各自的观点，你不喜欢那个玩具，可是你在论述你为什么不喜欢它的时候，有理有据，且理由非常充分（描述事实），爸爸看后啊，心里真是高兴（表达感受）。通过这件事呢，爸爸发现你语言表达流畅、论事逻辑清晰，而且你在用自己的理由说服对方的时候，并没有给对方带来不舒服的感觉，这一点又让爸爸看到了你的语言沟通能力（总结归纳）。你是爸爸的骄傲啊！”爸爸一边摸着超超的头一边说。从那以后，超超渐渐地变得不再木讷、内向、不善沟通了。

例子中的爸爸向孩子清晰地表达了自己对他的欣赏，同时也起到了激发孩子自信的作用。

◆用宽容引领孩子

苏联教育家苏霍姆林斯基曾说过：“教育者只有关心人的尊严感，才能使被教育者通过学习而受到教育，教育的核心就其本质而言，就是让被教育者始终体验到自己的尊严感。”捷克教育家夸美纽斯也指出：“应当像尊敬上帝一样地尊敬孩子。”对一个人来说，最宝贵的东西就是尊严。而对孩子来说，最可怕的不是父母的棍棒和拳脚，而是父母让孩子失去面子、失去尊严。所以，孩子的自尊、自信首先来自于父母的尊重，但是父母的尊重又得依托宽容。

苏霍姆林斯基曾说：“有时宽容引起的道德震撼比惩罚更强烈。”这句话一方面说明了宽容的巨大力量，另一方面也告诉我们，对待孩子要学会宽容。成长过程中，孩子可能会呈现出各种各样的让父母看不惯的事情，犯错、成绩不佳、不懂礼貌、不善言辞、不爱运动等。很多父母在这些“不足”面前，往往会忘记孩子的尊严，尽情地发泄着自己内心的不满。可是如果面对这些，给予孩子宽容，给孩子改过、提高的机会，用宽容引导孩子寻找原因，解决问题，弥补不足，孩子更容易维护自尊，建立自信。

◆用童真的心拉近与孩子的距离

随着年龄的增大，高年级的孩子渐渐开始进入心理闭锁期，不愿意再轻易向人透露内心世界。对此，父母别说教育了，即便想多了解一些孩子都束手无策，只能眼睁睁看着孩子处处是问题，但就是弄不清原因。此时不妨放下父母的架子，和孩子一样保持一颗童真的心，渐渐地融入孩子的世界中。具体方法：可以先了解孩子的喜好，然后自己也跟着孩子的步伐学或玩。如孩子喜欢绘画，你也不妨跟着学，并在其中多与孩子交流沟通，甚至可以向孩子学习，有必要的话还可以报绘画班。

慢慢地与孩子拉近距离，最好能成为朋友，这样孩子就愿意向你敞开心扉。

责任心和感恩心为完美人格打底

◆唤醒孩子的责任心

◆唤醒孩子的感恩心

英国著名的小说家、戏剧家毛姆曾说：“要使一个人显示他的本质，叫他承担一种责任是最有效的方法。”这里所说的本质指的就是人的人格，即人的品格操守、尊严价值和名誉的总和，而是否有责任心，是检验孩子是否具备这种人格的方法。

松下幸之助也说过：“责任心是一个人成功的关键。对自己的行为负责，独自承担这些行为的哪怕是最严重的后果，正是这种素质构成了伟大人格的关键。”

对孩子来说，责任感的缺失意味着什么？很可能是父母穷尽一生所能，却养出来一个只知道“啃老”的白眼狼。

有道是“感恩心做人，责任心做事”，孩子想拥有完美人格，不仅得有责任心，同时还得有感恩心。

每一位父母都爱孩子，这是一种本能反应，因此，父母为抚养教育孩子哪怕倾尽所有都没有一句怨言，且从来不求回报。可是，不少孩子却将父母的无微不至的爱当作天经地义，形成了以自我为中心，不懂得理解和体谅父母的辛苦，更不懂得感恩，在父母无尽的爱面前，孩子给予父母的只有冷漠和自我，这不禁让父母倍感寒心：为什么我养出的孩子会变成这样？

感恩是一种美德，也是一种生活态度。感恩意识绝不单单就是简单回报父母的养育之恩，它还是一种责任意识、自立意识、自尊意识和健全人格的体现。

因此，在家庭教育中，父母要引导、唤醒孩子的责任心、感恩心，让孩子成长为一个具有完美人格的人。

◆唤醒孩子的责任心

1.在孩子面前示弱，给孩子“被需求”的机会

生活中，父母常常会认为孩子需要满足自己的需求，那样他们会有安全感，

但是孩子也需要“被需求”。当孩子被身边的人，尤其是父母需要时，他们会很乐意扮演有担当、有责任的能力者，同时孩子“被需求”也培养了他的责任心。

亲子节目《妈妈是超人》中，妈妈胡可一脸疲惫地对两个儿子说：“今天妈妈非常非常累，有一些工作需要你们来完成，可以吗？”

于是安吉便勇敢承担了照顾弟弟和买菜的重任，还带着弟弟做家务、叠衣服，一下子就像长大了一样，非常坚强，完全就是一个有担当的小男子汉。

因此，父母不妨多在孩子面前示示弱，给孩子担当和承担责任的机会。

2.让孩子为自己的错误埋单

很多时候，孩子犯了错，父母会低声下气地向人道歉，无形中养成了孩子“不知悔改”、不负责任的坏毛病。

有个11岁的小男孩踢足球时，不小心打碎了邻居家玻璃，被索赔12.5美元。在向父亲承认错误后，父亲让他自己对过失负责，男孩面露难色说没钱赔人家时，父亲表示愿意先借给他，一年后他要还给父亲。

后来这个小男孩为了还父亲的“债”，每当放假时，他都出去打工，半年的时间就将父亲的12.5美元还上了。

这个小男孩就是后来成为美国总统的里根，他回忆这件事的时候说：“通过自己的劳动来承担过失，使我懂得了什么叫责任。”

承认错误，并为犯的错误埋单，这就是一种责任心的表现，因为，父母在家庭教育中，要懂得让孩子自己为错误埋单，以培养孩子的责任心。

3.利用好责任感的“黄金教育期”

家庭责任、学习责任、社会责任、集体荣誉、个人荣誉等，方方面面都会贯穿于孩子成长的过程中，但是孩子的责任感不是父母一句句说出来的，他们是从父母那里一点一点积累学习来的。

0~12岁是父母陪伴教育孩子的“黄金教育期”，培养孩子的责任感，这个阶段的教育非常重要，而父母在这个阶段也要做好孩子的榜样。

这个阶段，不管是父亲还是母亲，都不应以任何理由缺少对孩子的陪伴，也不要以任何理由不给孩子“打样”，反而传递一些错误的信息。例如，有的父亲以“工作太忙，太累”为由，从不做家务，也从来不过问孩子的事情，就会让孩子错误地认为父亲是“懒”，没有家庭责任意识。从而，孩子可能也会认为家务就是妈妈的任务，自己也不会帮妈妈分担。

所以，父母要在“黄金教育期”内，做好孩子的榜样，并利用这一阶段唤起孩子的责任心。

◆唤醒孩子的感恩心

唤醒孩子的感恩心，父母不妨采取以下方法。

1.让孩子从小浸润在感恩环境中

唤醒孩子的感恩心也不是一句句说出来的，而是从日常生活中一点点浸润来的，因此，父母要注意从小就给孩子创造一个感恩的环境。

爸爸和妈妈相互间帮忙，要记得说“谢谢”，不要认为都是一家人，做任何事都是理所当然的。

这样的家庭环境会浸润孩子的感恩心。同时父母也要有意识地培养孩子的感恩心，如父母给孩子买了礼物，要让孩子懂得感恩，同学、朋友送的，也要让孩子表达感谢。孩子耳濡目染，并自己实践，慢慢地，感恩心便会内化于人格之中。

2.借助各种节日

各种节日，大家为了表示祝福，都会相互赠送一些礼物，此时就是教育孩子感恩的最好契机。如春节，家中长辈送给孩子礼物，要让孩子懂得感谢，同时也要让孩子懂得这是长辈对孩子的爱，孩子要珍惜。

3.让孩子学会给予和帮助

平时都是父母给予和帮助孩子，父母时常也要制造一些机会让孩子对自己给予和帮助。

如平时拿重物，请孩子帮忙；让大一些的孩子出外跑跑腿买点儿东西；让孩子帮忙倒杯水……让孩子懂得，父母的爱、父母的给予以及帮助都是“恩惠”，并不是理所当然的。

责任心和感恩心是完美人格的基础，父母应当担负起自己的教育责任，引导、唤醒孩子的责任心、感恩心。

拥有自主意识才能掌控未来

◆让孩子认识和接纳自己

◆让孩子学会对自我负责

人文主义心理学家马斯洛提出过一个词，叫“自我实现”。每位父母都希望孩子长大后能成熟、有见识、能独自面对生活中的种种。如何做到呢？那便是让孩子拥有自主意识，因为只有拥有自主意识的人才能掌控未来。

拥有自主意识，指的是孩子在思考、想象和活动中，不依赖、不追随他人，能够相对独立地进行某项活动或者完成某件事情。拥有自主意识，是健康人格的表现之一，它对孩子的生活、学习质量以及孩子成年后事业的成功和家庭生活的美满都具有非常重要的影响。

可事实是，如今很多家庭对孩子的教育缺乏培养孩子独立自主的意识，很多事情，原本孩子可以自己做，但父母或者是家中其他的长辈都代劳了。就拿每天孩子上学穿衣这件事来说吧，很多孩子每天穿什么衣服，基本上都由妈妈头一天晚上或者第二天早上准备好，孩子起床时直接穿就可以了。就这样一件小事，可一旦没了妈妈照顾，很多孩子面对一柜子的衣服却不知所措，不知道该穿什么、穿多少，哪件穿里面、哪件套外面，哪件可以在零下10摄氏度左右穿，哪件可以在0摄氏度左右穿……

曾看过一篇文章，说一位博士不会穿衣服，经常夏天时穿厚棉袄，冬天时穿得很单薄。连最基本的穿衣问题都搞不懂的人，又怎么能掌控自己的未来呢？

很多时候，父母剥夺了孩子自理能力发展的机会，时间长了，孩子便丧失了独立能力，这对孩子的成长极为不利，长大后面对问题常常会表现出无所适从的恐慌和茫然。因此，父母还是要多给孩子一些空间，让孩子多动脑、动手，学会自己解决问题。同时，父母还要注意有意识地唤醒孩子的自主意识，让他们对自己的未来负责。

那如何才能唤醒孩子，让他们拥有掌控未来的自主意识呢？

◆让孩子认识和接纳自己

绝大多数的孩子都与同龄人生活在一样的环境中，一样的学校，一样的学习，一样的假期，一样的课外活动，甚至有一样的学校营养餐……但在这诸多的相同中，让孩子看到自己的独特之处、更好地认识和接纳不一样的自己才是最为重要的，也是父母唤醒孩子自主意识的关键。

周杰伦从小生活在单亲家庭，但是他从小就喜欢音乐，又加上妈妈竭尽所能的支持，周杰伦早早地就在音乐上确立了地位，一步步接近了自己的梦想，如今的他同样是独一无二的。而他自己也说：“一个男人，可以不帅，可以不念书，可以没多少钱，可以不善言谈，但是一定要对自己所钟爱的事业认真。”

“对自己所钟爱的事业认真”，只有充分认识自己的人，才真正有自己钟爱的事业，才能对其做到认真，也只有这样的人，才能掌握自己的人生，才能尽显自己的天赋和优势。

孩子认识自我的过程，一般要经历这样几个阶段：

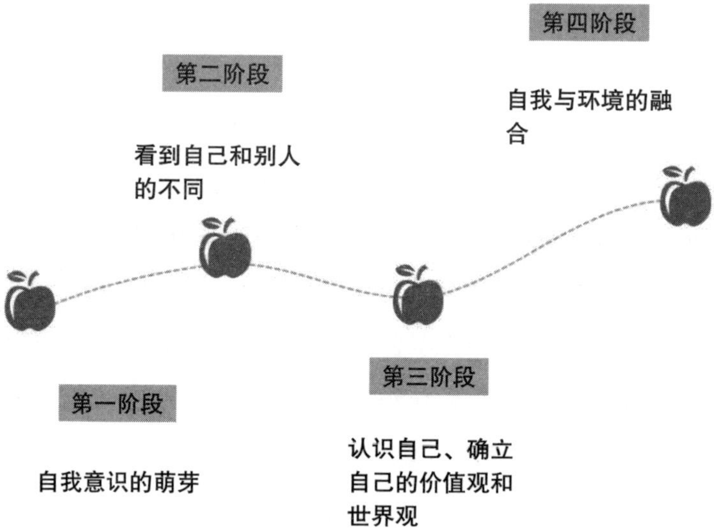

孩子认识自我的过程

“自我意识的萌芽”和“看到自己和别人的不同”阶段，父母可以协助孩子来完成。父母可以有意识地告诉孩子他是独立的个体，是有自己的独特之处的，是与其他孩子不同的。父母要避免拿自己孩子与“别人家孩子”比较。

就拿周杰伦来说，妈妈没有特别强调他的学业，而是在他独爱的音乐上给予了全力支持。还有马云，上学时除了英语，其他各科成绩都不好，他的父亲没有责备，而是经常带他去西湖边与老外对话交流。

“认识自己、确立自己的价值观和世界观”和“自我与环境的融合”阶段，只有在充分看到自己的与众不同后，真正地接纳了自己，才能形成自己的一套价值观和世界观。

有个孩子很有语言天赋，文笔、文风都有自己的特色，她认识到了这点，便开始在网上写文章、写小说，虽然只是小学四年级的孩子，却有自己独特的观点和见解，写出来的文章很受欢迎。只是她在数学和英语上的成绩真的糟糕，但她没有为此纠结、气馁，反而更注重自己在文学方面的造诣。她将其他人大量做数学习题、英语练习的时间，全部用来阅读她喜欢的书籍，数学和英语仅靠课上的时间，维持成绩在及格线以上。

上面这个例子可能对于绝大多数孩子来说并不可取，毕竟像她这种拥有特殊语言天赋的孩子不是很多。但是这个孩子真正地认识了自己，确立价值观和世界观，这点是要引导孩子学习并建立的。多给予孩子鼓励和支持，帮助孩子多尝试、多发现，开阔孩子的眼界，在孩子的兴趣点上发现他的天赋所在。

◆让孩子学会对自我负责

孩子认识和接纳了自己，便开始重点唤醒孩子的自主意识。而这点，最重要的就是让孩子学会对自己的人生负责。

在孩子成长过程中，父母要做的，不是约束，而是提一些合理建议，并适时加以引导，但凡孩子能自己完成的，就要让他独立思考，同时要对自己的行为负责。允许他有自己的选择、决定、探索以及尝试，并尊重他的选择、决定，哪怕是错的，也要让孩子去尝试，这样才能让孩子真正拥有自主意识，真正长大。

同时，让孩子拥有自主意识，父母还要让孩子懂得：想要掌握自己的人生，就要为之付出努力。

积极信念让成长充满正能量

◆让孩子相信“天生我材必有用”

◆让孩子相信他的未来一定是他想要的样子

◆让孩子相信他具备面对一切障碍的能力

如果把人生比作一根杠杆，那么积极的信念就是这根杠杆的支点，只有具备这个支点，才能让人强大而有力量，才能让人生活出自己本该活出的样子。在家庭教育中，帮助孩子树立积极的信念，是为人父母者责无旁贷的。

信念是一种意志、一种心态。积极信念的力量是无穷的，只要让孩子拥有积极信念，无论他在成长的路上遇到何种环境、何种挑战，都能化解。

那怎样才能帮助孩子树立积极信念呢?

◆让孩子相信“天生我材必有用”

歌德说：“人生来就是有价值的。”在唤醒教育中，父母要让孩子相信自己是有价值的，帮助孩子树立“天生我材必有用”的信念。当这一积极信念深植于孩子心中时，在今后的学习、生活和工作中，孩子就会放大自己的价值。想让孩子相信自己生来是有价值的，父母首先就要对孩子报以积极且正向的期望，给孩子灌输“相信自己”的信念，并且将这种信念渗透在生活的方方面面。

孩子担心爬不上高山，爸爸鼓励他一定能上去；孩子怀疑自己成绩永远也达不到90分，妈妈相信他通过努力一定能达到；孩子认为自己什么也干不好，妈妈可以找出他其中一个优点，哪怕很小的一个……

久而久之，“天生我材必有用”的信念就深植于孩子心中了。

◆让孩子相信他的未来一定是他想要的样子

著名教育实践家和教育理论家苏霍姆林斯基曾说过：“教育人就是教育他对未来有希望。”不少父母教育孩子的目的，往往是想让孩子将来考上名牌大学、当上发明家、医学家、教育家等，因此，在孩子谈论未来、谈论理想时，若是父母期望的，往往就能得到赞赏，但若不是父母期望的面点工、园艺工等，妈妈就会给予否定。

可是，不是所有的孩子都具备非凡的特殊天赋，更不是所有孩子都能成为运筹帷幄的伟人，大多数孩子还是平凡的。但如果有平凡的理想就要被质疑或者否定的话，孩子就会对未来失去信心。而且诸如贬低孩子、否定孩子未来的话就更不要说了，如“没有出息”“将来你就只配做个要饭的”“你要是能有本事了，猪都能上树”之类的话。

心理学上有个“比马龙效应”，说的就是“希望”和“预期心理”的关系是呈正相关的，这个关系对一个人的成功与否，存在很大的影响力。当父母给孩子灌输未来要成为他想要的样子，并且孩子同样对自己的未来充满希望时，那么他的未来就真的会成为他想要的样子。反之，若他总是抱以怀疑的态度，结果也就会相反了。因为只要相信，孩子就会本着他想要成为的样子努力，这就是信念的作用。

◆让孩子相信他具备面对一切障碍的能力

在人生路上，往往打败一个人的不是多大的困难、多大的阻力，而是心中为自己设置的障碍，这个障碍如果跨不过去，那人生会出现太多的挫败。而父母在教育孩子时，就要帮助孩子建立“面对并突破一切障碍”的信念。

不过帮助孩子建立这一信念并不容易，也不是一朝一夕就能做到的，因为孩子的认知能力有限，很难建立起突破一切障碍的信念和勇气，这是孩子由潜意识中恐惧与胆怯所致。这时候，如果父母仅用“你是最棒的”“你可以的”“我们相信你”“你要相信自己”之类的鼓励语，是起不到一点作用的。

可以用重复暗示的方法，用成功的经历来一次次给孩子灌输。例如，孩了觉得自己就是没办法将英语学好。可是在妈妈的帮助下，孩子成功拿到了90分。那么妈妈就可以用这次成功的经历来给孩子灌输他具备“面对并突破一切障碍”的能力，并不断重复。还可以利用其他有关孩子的成功案例来暗示孩子能突破一切障碍，可以面对困难。

也可以帮孩子制订一些阶段性的目标，最好和孩子一起制订，每完成一个目标，就及时给予孩子鼓励，让孩子相信他可以做到，有足够的勇气面对，最终帮助孩子真正建立起“面对并突破一切障碍”的信念。

当然，欲速则不达 ，帮助孩子建立积极信念，并不是一蹴而就的事情，父母还需拿出自己十足的耐心来帮助孩子，最终真正让孩子的成长伴随着积极的信念支撑。

第六章

引领：引领孩子成为更好的自己

孩子的成长是心理的成熟、情感的润泽、思维的丰满等过程，这个过程漫长而复杂，需要父母的引领才能真正长大。而在这个过程中，父母要引领孩子设立目标、养成好习惯、培养自律特质、培养自主学习能力，并提升孩子不断反思的能力。

孩子健康成长需要智慧父母的引领

◆以学习引领孩子学会自学

◆以梦想引领梦想

◆以精神引领精神

关心孩子的生活起居，于父母而言是无可厚非的，看着孩子一天天长高，父母欣喜不已。而仔细想想，就会知道，父母将养孩子的重点放在了生长上。可是，孩子的生长是生理上的成熟，只要吃饱穿暖，顺其自然，什么都不用管了。因此，在家庭教育上，孩子的成长才是父母更要关心的问题。成长是孩子心理的成熟、情感的润泽、思维的丰满等过程，这个过程长期而复杂，必须在父母、老师等的引导下，在社会大背景的熏陶下，慢慢形成。

许多父母抱怨自己的孩子没有别人家孩子好，很大一部分原因，可能就出自自身没有用心引领孩子成长，才造成了教育的缺失。你去看那些学习成绩优秀的孩子，他们同时也是通情达理、温文尔雅、笃定好学的孩子。孩子在成长过程中，需要鼓励，需要安慰，需要搀扶，这个过程定不能缺少父母的引领，教育的成功与失败，与父母有没有扮演引领者的角色是分不开的。

引领孩子自然健康地成长，到底又该怎么引领，这又是摆在不少父母面前的一个难题。今天，我们在此就为大家提出几种可借鉴的方法。

◆以学习引领孩子学会自学

成长过程中孩子离不开学习，无论是在学校，还是生活中，都需要学习。不过学习有轻松和笨拙之分。班级里总有孩子，在学校根本看不到他学习，但是每次考试成绩都遥遥领先；有些孩子则每天都在埋头苦读，将其他孩子在操场上玩耍的时间也用来学习，依然不见成效，成绩还是不尽如人意。这里就关系到是不是会自学的问题。所以，引领孩子成长，父母首先要做的就是引领孩子学会自学。

1.给孩子创造自学的环境

让孩子学习自学，首先得有一个能够激发孩子自学的环境。如果房间里整天都乱糟糟，孩子又哪来的自学的想法呢？因此，家庭中有一个充满书香氛围的空间非常重要，哪怕并不大，但只要有书，父母做读书人，就算一句话不说，孩子终归有一天会捧起书读的。

2.引导孩子讲故事

讲故事其实就是自学的过程，父母做好当听众的准备，引导孩子讲故事给自己听。不拘泥于形式、风格甚至中心思想，让孩子想怎么讲怎么讲，哪怕天马行空，不着边际，只要讲了，父母就应给予表扬。

3.拓展学习

拓展学习包括孩子需要在学校学习的部分，如提前做好预习。学完第一单元，就引导孩子自主学习第二单元的内容；学完一册书，就引导孩子学习第二册书。这样引导说不定能培养出一个可以连续跳级的孩子。

也可以在课外，引导孩子读读报纸、期刊、杂志等，尤其是报纸，可以听孩子讲讲新闻。

自学的方法，如果父母有好的建议，可以给孩子提些建议，如果没有，就让孩子自己摸索，因为每个人的自学能力不同，形成自学能力所用的时间也不一样。

◆以梦想引领梦想

引领孩子自然成长，得有梦想、志向作为目标，没有志向的孩子，学习没有动力，成长也显得乏味，因此，在孩子成长中，父母要引领孩子“做梦”“有梦想”。

1.尊重孩子的“梦想”

每个孩子都有自己的梦想，如当歌手、演员、模特、科学家、发明家、探险家、宇航员等，不管孩子的梦想与自己的天赋、条件多么不相关，父母都要尊重他的梦想。有梦想的孩子才有学习、成长的动力。

2.将自己的志向以及为之努力的过程、结果与孩子分享

引领孩子有志向、有梦想，父母不妨将自己的志向、追求展示在孩子面前。

例如，爸爸想要到一个更大的平台上去发挥自己的专长，此时就可以和孩子商量要不要去。自然孩子不会有好的、成熟的建议给爸爸，但这个过程却让孩子知道爸爸有更大更高的志向，那自己有没有呢？

再如，妈妈要评选优秀教师，在有限的名额面前，妈妈对自己并没把握，但妈妈还是要参加评选，并将此与孩子分享。评选通过，孩子跟着振奋，评选没通过，孩子跟着难过，但难过之后，妈妈振作精神继续努力。

做这些，不需要太多的言语说教，但整个过程却能让孩子看到父母是有志向的人，且父母在为自己的志向努力，同时也给孩子做到了屡败屡战、不懈追求的精神引领。

◆以精神引领精神

孩子成长中，会遇到挫折，出现心理困惑，有的人在困难面前会萎靡不振，但有的人却能从困难中攫取人生智慧，这就是人的精神的不同。而父母要做的就是引领孩子不畏困难、不惧艰险。

1.让孩子感受人文精神

人文精神可以从书中来。不妨帮孩子挑选一些名人传记，让孩子从这些传记中感受名人成名的艰辛过程，感受他们在层层的阻挠、障碍面前的坚韧、坚持以及寻求解决方法的不懈精神。

人文精神也可以从名胜、景观中来。家中可以引领孩子阅读，外出旅游可以带孩子去体现人文精神的地方；也可以带孩子参观具有人文元素的景观，并将每一处景观背后的故事讲给孩子听。

2.给孩子传递精神力量

可以将孩子熟知的一些长辈的创业艰辛故事讲给孩子听，给孩子传递精神力量，也可以讲讲自己的艰难求学、艰难创业的故事。重点给孩子讲如何艰难，最终又怎样克服艰难，在这个过程中，付出了什么，最终又得到了什么。自己身边的人最能感召自己，因此家中人的精神力量最能感染孩子。但如果没有，也可以将世界名人克服困难的故事讲给孩子听。总之，目的就是要传递这种不屈不挠、不畏艰难险阻的精神给孩子，让孩子在成长中能坦然面对困难、困惑。

孩子的成长，需要鼓励，需要安慰，需要扶持，智慧的父母就要一步步引领孩子成长。

设立目标激发孩子的斗志

◆给孩子制订切实可行的目标

◆给孩子制订目标时还要让孩子有更大的理想

◆在孩子犹豫迟疑时给予支持、鼓励

很多父母反映，孩子总显得浮躁，漂浮不定，缺乏目标感，不想做承诺，而究其原因，还在于孩子的内在动机较低。

很多时候，孩子并不是对学习和生活没有动力，而是这种动力被其他动力压抑或迷惑了。例如有些孩子的动力被手机占据，有些孩子的动力被动画片占据等。单靠孩子自己纠错、反省显然不够，这就需要父母引领孩子找到动力。

美国斯坦福大学教育研究所教授、当今世界研究青少年发展和品格教育最杰出的学者之一的威廉·戴蒙（William Damon）认为，有目的感的孩子，都有高度动机，会自动自发地学习为达到目的所需的技能和知识，也展现少见的务实效率。

目的也就是目标影响着人生的快乐和满足，但父母不能直接给孩子一个确定的人生目的，因此，在孩子成长过程中，就必须用引导、用身教和对话，帮助孩子迈向目的之路。而有了明确的目的、目标，孩子就有了学习和生活的动力和斗志。

那么，父母该怎么引领孩子设立目标，激发孩子的动力和斗志呢?

◆给孩子制订切实可行的目标

给孩子制订目标时，要切实可行，具体有以下几点要求。

1.设立小目标

心理学家费里德曼等人通过一项研究表明，人在完成了较小的目标后，便能接受更大的目标，这就是“门槛效应”。这一效应告诉我们，在给孩子设立目标时，应当采用循序渐进的方法，给孩子制订较小的目标，就是孩子能够“够得着”“容易实现”的目标，并在此基础上一步步靠近最终目标。

2.目标要合理

父母在给孩子制订目标时，要考虑孩子身体和心理的承受能力，把目标制订在孩子能够承受的范围内，并留有一定的余地。有些父母会给孩子制订超出孩子承受能力的目标，认为这样设置，即便孩子实现不了，也能达到一个离目标不太远的程度。但这样做的结果就是会导致孩子不断向目标冲击，却又不断遭遇失败的结果，这不但会沉重打击孩子的积极性，还会让孩子失去为目标奋斗的动力和勇气。

一位心理学家曾经说过，人的积极性不仅仅来源于实现目标的价值，更取决于实现目标的概率。总是达不到目标，会给人带来沉重的挫败感。

3.目标设立要详细、具体

在给孩子设立目标时，不能含糊其辞，如“你要努力”“你要好好学习”等就比较模糊，且缺乏目标感。在设立时，如果说“将这些习题在二十分钟内做完”“在一天时间内将这篇课文背熟”，这样设立小目标，让孩子在努力的时候更有方向感。

4.让孩子一同参与目标制订

制订目标时，父母要尊重孩子，让孩子一起参与。有孩子一起制订的目标，孩子更愿意努力去实现，且实现后孩子会生出自豪感，即使失败，孩子也能主动从中找原因解决。

◆给孩子制订目标时还要让孩子有更大的理想

心理学家罗森塔尔曾对某小学的孩子进行了一项“未来发展趋势测验”，并给该校老师提供了一份“具有优异发展可能”的学生名单。半年之后，他又对这所小学参加测试的孩子进行复试，发现所有上了名单的孩子，成绩都有了明显进步，且自信心倍增。事实上，罗森特尔提供的那份名单是随意拟定的，但“优异发展的可能”却让老师对孩子的评价有了改变，并将这一心理活动传递给了孩子，孩子感受到了来自老师的期望，所以在各方面都有了明显进步，自信心也大增。这就是“罗森塔尔效应”产生的作用。

在给孩子制订一个个目标的同时，给予孩子肯定能够达成的期望，孩子的动力会更足。

◆在孩子犹豫迟疑时给予支持、鼓励

在实现目标过程中，孩子很可能会放弃或者犹豫迟疑，此时父母就要适时地给予支持和鼓励，让孩子自觉地、发自内心地为了目标而努力。

比如，可以拿孩子曾经的坚持获得的成果来激励现在的犹豫迟疑；也可以帮助孩子假想一副继续坚持并且获得成功的样子，以激发孩子的勇气。

不过不能过分强调孩子“一定能行”，这样可能会给孩子增加心理负担。

好习惯让孩子受益终生

◆改变坏习惯

◆培养好习惯

心理学家詹姆斯曾说过：播下一个行动，收获一种习惯；播下一种习惯，收获一种性格；播下一种性格，收获一种命运。很多孩子在成长过程中缺乏好的生活或学习习惯，导致不管是学习还是生活都一塌糊涂。

习惯是什么，就是自动直觉的一种潜意识的规矩，或者说制度。习惯就是自己给自己制定的行为制度。就拿孩子上学来说，每天8点前要到校，过了8点，就算迟到，而孩子们为了不迟到，就会赶在8点前到校，这是一个习惯，同时也是一个制度。

叶圣陶老先生针对教育有自己的看法，认为教育其实就是在培养习惯，无论家庭、学校还是社会，都是在培养孩子的习惯。那父母在家庭中该如何帮助孩子养成好习惯呢？这里，我们从改变坏习惯和培养好习惯两个方面来说。

◆改变坏习惯

坏习惯阻碍孩子的成长和发展，因此，帮助孩了养成好习惯的同时，还要改变坏习惯。改变换习惯可以采用以下两种方法。

1.不断重复，直到产生厌恶感觉

坏习惯经常伴随着一些不好的行为，如迟到，先玩游戏再写作业，那么，针对孩子的这些不良习惯，父母可以让他选择，并且要求他反复做。

记得倪萍曾说过，她的儿子因为玩游戏耽误了课业，于是她就让儿子在家里玩游戏，不停地玩儿，一整天下来后，儿子再也不说想玩游戏而不愿意上学的事儿了。

其实，改变孩子的坏习惯，也就是从改变他的感觉入手，反复重复这种坏习惯，就会给他一个很不爽的感觉，而这个感觉会让他永不愿意再有这种行为。

2.用好习惯代替坏习惯

其实就是用一种新的习惯代替原有的不良习惯，如父母可能认为孩子玩手游是个坏习惯，那么，就可以向孩子推荐爬山、篮球、唱歌、跳舞等项目，来取代手游。如果父母用心找到了孩子的兴趣，他肯定会丢掉手机。当然，这一点，还需要父母在陪伴孩子的过程中，真正找到孩子的兴趣所在。

◆培养好习惯

好习惯还是要从小培养，越小越好，因为那时候的孩子真的就是一张白纸，干净纯粹，只要父母给予的是正确的教育、正确的引导，就能帮助孩子养成良好习惯。孩子到小学之后，有很多问题会凸显出来，此时父母更应该注意对孩子的习惯进行引导。

例如，好多孩子写作业拖拉，原本二十分钟就可以写完的作业，一定要用两小时；半小时能背诵下来的一段文章，非得拖拖拉拉用一天的时间。很多孩子的成长都毁于拖拉。

那怎么培养呢？父母需要从以下两方面着手。

1.注重细节培养

家庭教育很注重从“小”到“大”的转换，就像教育的效果，由量变向质变转换时，简单的教育就应看到客观的效果了。而家庭教育，涉及更多的是生活上以及待人处事的一些细节，父母注重孩子的这些细节，就能培养出一个有良好习惯的孩子。

如从孩子学校回家后的5分钟来看。进门孩子是不是先换拖鞋，是不是先将一天下来沾满灰尘和汗水的衣服换掉，是不是会将书包放在指定的位置上，是不是先去洗手间洗手再吃东西。这几件事都很小，甚至让人看起来微不足道，可是就是这样小小的几件事，若养成不良的习惯，对孩子的影响也很大。

换拖鞋、换衣服、洗手后吃东西，都能养成孩子一个良好的卫生习惯，且孩子懂得保持室内环境的整洁、卫生；懂得每天将书包放在指定的位置，这也是一个好习惯的表现。

包括每天写完作业整理好书包，每天晚上睡觉前准备好第二天要穿的衣服，这些看似不起眼的一些习惯，但都是孩子对自己负责的表现。书包整理不好，衣服准备不好，第二天早上起来手忙脚乱，不但容易落作业，还容易迟到。接着一连串的负面效应就随之产生了。

因此，在培养孩子习惯的问题上，负面不要因“事小而不为”，越是小事越能见成效。

2.反复重复好习惯

好习惯的养成和改变坏习惯一样，有个非常好的办法就是反复重复一个行为。如上面说到的一些细节问题，开始孩子做得可能不够好，那么就帮助孩子每天坚持做。可以用一些行为来约束他，如果忘记换鞋就进屋，惩罚孩子拖地；忘记将作业整理好放入书包中，即便孩子已经上床休息了，也要让他起来把书包整理好。每天坚持，坚持一个月的时间，孩子的这个习惯就养成了。

总之，生活中无小事，不管是孩子的坏习惯的改变，还是好习惯的养成，都要从生活的点点滴滴做起，以量变带动质变，逐渐引领孩子处处都有好习惯，让这些好习惯伴随孩子一生、助益孩子一生。

有计划的成长让一切尽在掌握

◆实践规划要相对自由

◆保护孩子的想象力和创造力

◆避免掺杂太多父母意愿

◆与孩子共同成长

孩子就像一张白纸，父母在上面涂画时，充满了各种可能性。然而，不少重视家庭教育的父母表示，他们在孩子的成长问题上很困惑：有的认为让孩子顺其自然地成长发展，不约束他们的想象力比较好；有的认为要让孩子在一定的规则约束下成长；有的则认为社会压力大，孩子的成长需要规划……那到底该怎么办呢，父母要不要帮助孩子做成长规划呢?

对此，咨询心理导师黄京穗认为，父母的职责是帮助孩子拥有“独立地获得幸福的能力，并且对社会有益”。从这个意义上来说，对孩子的成长完全地不去规划是难以做到的，关键是如何理解和实践“规划”。下面我们就来看看有哪些可行的办法。

◆实践规划要相对自由

针对小学生做的计划、规划，要相对自由，不能让孩子有束缚感、强烈的约束感。即便上了学校，成为小学生，但孩子毕竟是孩子，很多时候还分不清什么是对的，什么是错的，什么是可以做的，什么是不可以做的，对以后自己会走上什么样的路、从事什么样的职业、为社会为家庭做出什么样的贡献，就更不知道了，尤其是低年级的孩子。因此，父母此时主要做的，就是适当地引导孩子，并从每天的陪伴中发现孩子的天赋、兴趣，帮助孩子逐渐往他最擅长的领域行进。

所以，此时父母给孩子的规划，应该顺应孩子的天赋、兴趣，是孩子愿意去做、去学习的。

有个孩子一见到马就喜欢得不得了，每次见到还一定要上去骑骑，同时他也很会“讨好”马，根据这点，父母发现他的兴趣点是马术，于是给孩子报了马术训练，而孩子喜欢父母报的班，同时马术技术也是突飞猛进。

这样的计划、规划就是相对自由的。

◆保护孩子的想象力和创造力

心理专家认为，保护孩子的创造力、想象力非常重要，这些都是孩子的最大财富，父母要学会保护。那该怎么保护呢？

任由孩子自由发挥，他想怎么做就让他怎么做，父母首要做的就是保护孩子的安全。不少孩子喜欢涂涂画画，家里的墙上、沙发上甚至床上、桌面上，到处都是孩子的“杰作”，不心疼家具、墙面的，父母可以任由孩子充分“创作”，如果心疼的，或者不喜欢家里被孩子弄得一团乱的，父母可以将孩子在墙上等处发挥的注意力转移到绘画纸上，父母只要给孩子提供足够的绘画纸就可以。但不要对他的行为大吼大叫，否则很可能会吼掉一个未来的艺术家。

接下来，父母还要做一件事，这就有关计划了。通过自由发挥以后，父母基本上就能看到孩子的天分所在，比如这种涂涂画画的，可能是个绘画方面的小天才，那么父母不妨朝着这个方向帮孩子做些计划、规划，并且有意识地引导孩子朝这个方向发展。

◆避免掺杂太多父母意愿

在规划孩子的成长时，父母要尊重孩子的客观条件，避免在其中掺杂太多自己的意愿，对孩子的规划完全是个人的意愿，这在“望子成龙”“望女成凤”的父母中尤为突出，早早将孩子的成长路线严格规划好，这不但容易引起孩子反感、厌恶，更重要的是会严重阻碍孩子的成长，不是孩子失去优秀的机会，就是孩子离了父母的“框框”难以独立。

因此，在做规划时，父母可以因势利导，在充分倾听孩子的需求后，给予孩子协助分析以及补充性意见。

◆与孩子共同成长

让孩子的成长在计划内有序地进行，父母就离不开和孩子一同成长。中山大学人力资源中心主任肖计划教授表示：“孩子的成长规划需要科学的认知作为指南。家长应充分认识到孩子与生俱来的性格、能力和兴趣。”此外，有关专家还认为，在孩子的成长过程中父母与孩子的有效沟通比知识重要得多，家长最好还能够和孩子齐头并进，因为行动是最好的教育。

不管是肖教授的想法，还是有关专家的观点，都有一个核心：父母要和孩子一同成长！因为孩子的成长规划的科学性，必须建立在对孩子的充分了解上；而与孩子沟通、与孩子齐头并进，更需要父母充分了解孩子，而充分了解孩子的最佳途径就是和孩子一同成长。

曾经在一家画室看到一对父子一起学画，儿子的画已经渐入佳境，但是父亲还在笨拙地练习着落笔方法，即便如此，他也没有退缩，目的就是想要和儿子一起成长。也难怪网上流传着带娃父母是琴棋书画、斧钺钩叉，十八般兵器样样精通的全能人才，其实这都是陪伴孩子一同成长的见证。

养个孩子看似容易，实际上却困难重重、百般艰辛，尤其是想实现孩子有计划的成长，更要用百倍千倍的耐心、智慧去了解孩子，并顺应孩子的成长发展规律，让孩子舒心，自己也满意。

自律是优秀的突出特质

◆正视自我，接受残酷现实

◆和孩子一起制订目标，并写下原因

自我约束力，也就是自律，在孩子成长中非常重要，有自律习惯的孩子，不仅生活作息合理，身体健康成长，还能具备自我管理的能力，让学习和生活两不误。那些优秀的孩子大都很自律，对自己有高标准、严要求。

心理学上有一个“棉花糖实验”，说的就是如果一个人懂得自律，具备延迟满足感，那么这个人往往会更有成就。尼采曾经说过：“不能听命于自己的，就只能听命于他人。”自律是听从自己的内心呼唤，也是听从自我节奏的安排。

在商业上有着非凡成就的王石就非常自律，不管做什么，哪怕手头的事情再忙，只要到了休息的时间，他一定会放下事情，马上去休息。因为他很清楚，休息不好，第二天就没办法以饱满的精神状态投入工作。

有着非凡成就的王石是这样，而对于我们需要通过不断学习获取将来成功的孩子们来说，更需要在父母的引领下，具备自律这个优秀的突出特质。

具备自律品质的孩子，一般会拥有以下优势。

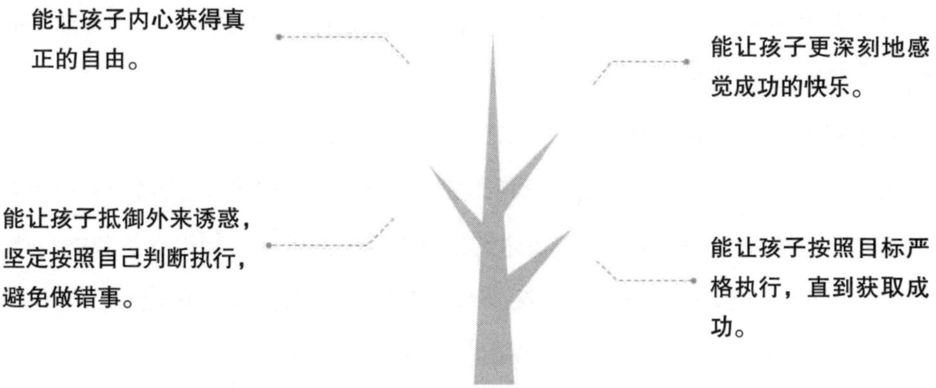

具备自律品质的孩子拥有的优势

自律这么重要，那么缺乏和具备自律品质的孩子，有哪些表现呢？下面我们就以孩子平时的一些表现为例来介绍一下。

缺乏和具备自律品质的孩子各自的表现

缺乏自律的孩子表现	具备自律的孩子表现
生活作息不规律。	生活作息规律。
爱看电视。	能控制自己看电视的时间。
爱玩手机或电脑游戏。	能控制自己玩手机或电脑游戏的时间。
上各类兴趣班不专注、不坚持。	能专注地上课，并能坚持下去。
放学后先玩后做作业，周末要等到周日下午或晚上再做作业，假期要最后赶作业。	总是先做作业，然后再玩。
学习上面和家长讨价还价，拿学习和玩挂钩。	在学习上很自觉，从不讨价还价。
遇到难点的学习内容就头疼。	遇到较难的学习内容能积极思考，自己尝试找出答案。
注意力难以集中。	能集中注意力。
学习和做作业时磨磨蹭蹭，边学边玩。	写作业很积极，且能快速写好。

通过上面这个表格我们可以一目了然看出，有自律性的孩子和缺乏自律的孩子的区别。而有关研究表明，自律性差的孩子，将来很可能会发展成差等生，尤其是到了高中阶段，会很明显地被其他学生远远落在后面；而具备自律精神的孩子，则是最具备竞争力的孩子。

而传统上讲究“慎独”，意思是一个人独处时，因为缺乏约束力，坏习惯、懒惰等心理就会跑出来对这个人产生负面影响。孩子各方面都不成熟，自我约束力、自律性等缺乏，因此在孩子成长过程中，父母要特别引领孩子形成自律的优秀特质。具体怎么引领呢？

◆正视自我，接受残酷现实

当一个人敢于正视自己、正视真相，才能产生改变的勇气，因此，父母首先让孩子接受那些异常残酷的现实：想要达到自己期望的高度，必须得有持久的自律。

这点对于低年级的孩子来说，接受起来有些难，而且孩子在理解上也存在难度，因此，这点主要针对五六年级的孩子，尤其是六年级马上步入初中阶段学习的孩子。

◆和孩子一起制订目标，并写下原因

在孩子能够正视自我，并且接受了残酷现实后，父母就可以和孩子一起制订目标了，可以针对孩子的多方面不够自律的问题制订目标，例如，上面表格中列的，如果孩子存在上面表格中的这些表现，那么就将其写出来，一个或几个同时进行都可以。

再如，“学习和做作业时磨磨蹭蹭，边学边玩”这条，将原因写下后，和孩子一起制订目标。针对磨蹭，在规定的时间内将作业完成或者将所要学的内容学会是最有效的办法，但需要坚持和毅力，因此只要在规定时间内完成了，父母一定要记得及时给予孩子鼓励。

培养孩子的自律品质，切不可因为孩子具备的一些显性优势，如智力、口才等而被蒙蔽了双眼，因为随着时间的推移，这些显性优势都会让位于自律、耐心、踏实等，只有自律、耐心等优质品质才能帮助孩子走得更远。

自主学习是快乐成长的密钥

◆从他控到自控

◆从被动依赖到自觉努力

◆从单维到多维

◆从有意识到自动化

“孩子不愿意上学怎么办？”

“孩子不用功读书怎么办？”

“孩子厌学弃学怎么办？”

……

不少父母看着孩子对学习漫不经心、一副懒散的样子，就恨铁不成钢，气就不打一处来，于是无止境的抱怨、指责、谩骂甚至殴打等，就随之而来了。可是，你有没有问过自己，你是否真的花精力去唤醒孩子的自主学习内力了？如果没有，你做再多也无济于事。

自主学习指的就是孩子能够主动、自觉、独立地学习，也是现代化的一种学习方式，是孩子对自己的学习要求、目的、目标、行为、意义的一种充分觉醒。许多教育家、心理学家、哲学家等，都提出了自己的一些自主学习思想。班杜拉认为，人对行为的自我调节包含有自我观察、自我判断、自我反应三个过程；麦考姆斯认为自主学习能力是自我系统发展的结果；当今美国最著名的自主学习研究者之一的齐默曼，也是自主学习社会认知学派的代表人物。

大家对自主学习的研究虽然侧重点不同，但影响自主学习的因素却是相同的，主要有内、外两个。

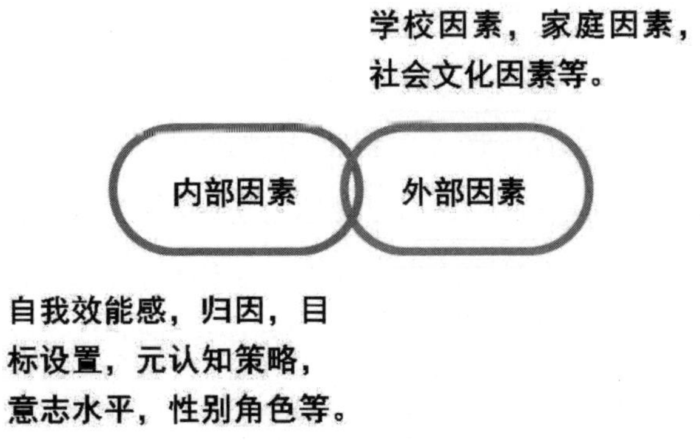

影响自主学习的因素

不管是内部因素还是外部因素，对学习都能产生一定的影响，但这些因素产生的影响不是孤立的，它们之间是相互联系、相互作用的。比如自我效能感，被认为是自主学习的重要动机性因素，但它又经常通过目标设置、策略选择来影响自主学习的结果。同时，自我效能感既是学习的动力，又是学习的结果，通过努力，达到一个阶段学习的效果，而这个阶段的学习效果又推动着下一阶段的学习。

自主学习，作为一种能力，并不是一蹴而就的，它是随着认知和自我的发展，经过长期的学习实践，通过多种途径发展起来的，想要获得这种能力，需要遵循一个基本的规律，父母可以帮助孩子达成。

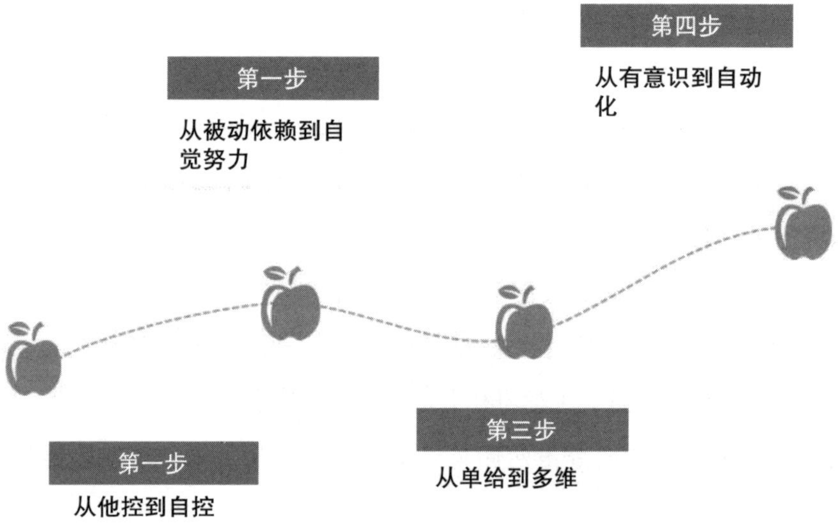

获得自主学习能力应遵循的基本规律

◆从他控到自控

在培养孩子自主学习能力时，父母要引领孩子学会做客观的自我评估。平时父母可能更多的是关心孩子的成绩下滑这个现象，但却忽略了孩子是第一当事人，他自身有什么感受，他对自己的表现有什么评价。只有引领孩子学会自我评价、自我评估，孩子才能感受到他哪个地方做得好，哪个地方做得不够好。

有个六年级的孩子一度成绩下滑严重，后来他说他对自己那段时间的学习非常不满意，因为他没有将精力花在学习上，而是用在了和同学一起打王者荣耀上。这样一番评估后，他将游戏放下了，很快他的成绩又回到了拔尖的位置。

孩子进行自我评估后便能形成自控的能力，且效果理想。因此父母在面对孩子不理想的成绩时，与其对孩子评头论足，用“他控”的方式驾驭在孩子的教育上，不如引领孩子做好客观的自我评估。将平时说得很多的“你成绩又下滑了，该努力了”这样的话，替换成“你对自己的状态满意吗”这类的话，让孩子自己去评估、去自控。

◆从被动依赖到自觉努力

孩子的学习不能自觉、自主，很多需要在老师以及父母的监督下才能完成学习，这就让孩子的学习被动依赖，缺乏动力、积极性。要想让孩子获得自主学习的能力，就得引领孩子自觉努力学习，以下两点要做好。

1.定目标

父母和孩子一起定目标，前文中我们已经详细讲过，这里不再赘述。

2.培养孩子自我管理能力

订计划并切实完成，是帮助孩子进行自我管理的最好办法。怎么订计划，父母和孩子一起来订。订完计划后，父母还要做好几点：

一是做好督促检查工作；二是刚开始不要对孩子要求太高，循序渐进；三是计划完成后要帮助孩子做好总结；四是根据孩子完成计划的好坏结果，给予一定的奖励，以激励下一阶段的计划完成的自觉性、主动性。

◆从单维到多维

自主学习能力获得的过程是呈螺旋式上升的动态发展的，需经过从单维到多维的发展阶段，它不是固定的学习状态，也不是终极目标，而是一种不断让学习达到强化的能力。而影响自主学习的维度也是多方面的，包括学习动机、认知策略系统、元认知策略以及社交情感策略等。因此，想要孩子获得这个能力，父母还要引领孩子做好以下三步。

第一步：引领孩子学会独立对学习目标、策略、自我动机等做出计划。

第二步：在行为表现阶段，引领孩子自我控制、自我观察，然后对学习的过程和效果进行反思和评价。

第三步：分析整合自身学习的问题，在进一步的起点处重新制定计划。

◆从有意识到自动化

让孩子获得自主学习能力还需要经过从有意识到自动化的发展过程。心理学上的自动化是一种不需要任何目的、认知资源，且在主体没有意识到心理活动的前提下的高效心理加工过程。培养孩子这个过程，需要父母引领孩子做好以下两点。

1.引领孩子达到计算自动化

多练习是让孩子达到无目的、无意识自动化的一个途径。比如速算的孩子们，给他们多大的数，他们都能马上说出正确答案，这就是反复练习后形成的一种运算思维、一种自动化的模式。

还有孩子们在练习口算题时速度很快且正确率高，就是因为在不断的练习和强化中，将运算法则烂熟于心，并形成了简单数字的自动化加工。

2.引领孩子达到阅读自动化

“阅读自动化”，就是阅读时停顿次数少或者不停顿，按照词组阅读的次数增加，能默读，且注意力能集中在对整句、整段文字意思的理解上。它是孩子获得知识、发展语言能力的重要过程。

达到这个过程，就需要多阅读、多积累。而具备了这一能力，无论是解决数学应用题，还是语文题，都能轻松应对，且用时较少。

自主学习能力的培养是一个长期坚持的过程，父母还需有耐心一步步培养孩子始终能坚持自主学习。

不断反思让孩子遇见更好的自己

◆引领孩子记录每天的事情并总结

◆给孩子反思的机会

在家庭教育中，父母可能经常会发现这样的现象：孩子本来很努力了，但就是成绩不理想。但有些孩子你根本看不到他用功，可成绩一直名列前茅。

这到底是为什么呢？其实跟孩子是否懂得不断反思有很大关系。

反思，又被称为反省，就是通过思考过去的事情，从中总结经验教训，是认识自我、完善自我并不断进步的条件。

美国学者波斯纳曾对教师成长提出了一个极为明确的公式：教师成长＝经验＋反思。其实从孩子的成长来说，一样需要反思和经验的总结。有人说，人与人之间的差距不是来自年龄，甚至跟经验也没关系，而是来自于经验总结、反思和升华的能力。

世界著名教育家杜威在其所写的《我们怎样思维》里谈到，培养孩子认知最好的方法就是培养孩子反省思维。

有反思思维的孩子，会时刻关注自身的不足，积极寻求改善，将成长作为一个不断学习、不断进步的过程，他并不介意被批评，因为他在接受批评前已经认识到自己的问题了。因此，懂得反思的孩子，从来不会顶撞批评者说“我哪里有错”这样的话，他只会在反思、总结中不断让自己更好。

那么，在家庭教育中，父母该如何引领，才能让孩子建立自我反思的思维模式以及拥有认知能力呢？

◆引领孩子记录每天的事情并总结

父母可以鼓励孩子每天将他发生的事情都记录下来，并从中总结经验，让孩子将事情的结果和过程结合起来，孩子具备了自我反省的机会，当他们再遇到类似的情况时，他们就会三思而后行，在充分考虑分析后才采取行动，并且对自己有充分的认识，对事情的结果也有个大致的判断。如果最后的结果和预期的确存在出入，那他们也会马上反思并从中找原因。

英语一直是孟小希的优势，因为她在听说方面比其他同学都好，一二年级的英语成绩也非常理想。可是自从上了三年级后，她虽然在听说方面还是领先于其他同学，可是每次考试成绩都不是最好的。后来妈妈引导她，让她将每天的英语学习做个记录，每天晚上针对自己的记录再做个总结，结果发现，她在单词记忆方面较差，很多单词小希并不认识，甚至一句话中，她就有好几个单词不认识，但是凭借着记忆，她却能将整句话非常完美地说下来。找到这个原因后，小希自己主动识记单词，直到小学毕业，她的英语成绩都是班上最好的。

让孩子将一天的事情都记录下来并做总结，孩子很可能会坚持不下来，甚至产生逆反心理，毕竟课后还有作业需要完成。鉴于此，父母不妨针对孩子的问题项，让孩子学会记录、总结，并从中找原因改正。

此外，因为经验的不足以及认知的局限性，可能有孩子不会分析、总结，此时父母要积极主动帮助分析。例如儿子和同学闹别扭了，但是儿子怎么也想不出自己哪里做错了，此时爸爸便可以让儿子将整个过程叙述出来，然后一步步帮孩子分析，通过这个过程能够培养孩子的逻辑思维能力，有了这个能力，孩子便能有逻辑地思考，遇到问题就能自己头头是道地分析、总结出来。

◆给孩子反思的机会

很多时候，孩子出现问题，父母会第一时间给孩子指出来，并要求孩子改正。但这种做法效果不但不好，还会剥夺孩子的反思机会。就拿下面这个案例来说吧。

自从上小学后，妈妈就为芊芊的早上起床问题烦透了心。学校规定七点半到校，可芊芊不过七点准不起床，其间妈妈不知道要叫她多少遍，她就是不起。虽然家和学校挨着，还不曾有迟到的记录，但是芊芊的早饭不是不吃就是简单凑合两口，然后就是一路小跑着向学校冲去。为这个问题，妈妈没少数落芊芊，可芊芊不但不屑一顾，还变本加厉。

为了纠正芊芊这一坏习惯，一天晚上，妈妈特意和芊芊说她只叫她一次，如果不起，后果自负。第二天早上，妈妈真的就叫了她一次，且确定芊芊醒着后，妈妈就去做自己的事情了，虽然很担心，但她还是坚持不再叫芊芊第二次。结果那天芊芊到校已经将近8点了，早读时间已过，老师严厉批评了她。而回家后，妈妈没有提她早上迟到的事情，只是晚上睡前又对她说只叫她一次。没想到芊芊说："我已经想过了，迟到是我赖床的问题，我设好六点半的闹铃了，以后我都这个点起，不会再迟到了。"从那以后，芊芊就真的没有迟到过，早饭问题也没再让妈妈烦心过。

给孩子反思的机会，让他自己思考和反省，而不是父母一味指责，这样，孩子便能直接感受到行动与结果间存在着某种关系，以后做事就能避免鲁莽、冲动。

还需要注意的是，孩子犯错了，父母不要着急发火，给孩子一定的空间和时间反省自己，也给孩子一个缓和和冷静的机会。

第七章

规则：遵守规则为成长正确导航

没有规矩，不成方圆。遵守规则，在规则范围内自由成长，孩子才能真正成长为让人仰慕的参天大树。因此，在孩子成长过程中，父母需要让孩子心中有规则意识，需要制订规则约束孩子的行为，需要引导孩子理解规则。在执行规则当中，还需给予孩子最大限度的快乐和自由，同时，违反规则，父母也要给予孩子一定的惩戒。

遵守规则的孩子，成长才不会偏离方向

◆父母要灌输给孩子规则观念

◆父母要培养孩子遵守规则的意识

◆培养孩子执行规则的习惯技能

“妈妈，我可不可以先看会儿电视再写作业？”

“不行！”

“妈妈我可以跨越护栏到对面去吗？”

“不可以！”

……

我们常常会告诉孩子这也不行、那也不要，但是却没有明确告诉孩子他需要遵守什么，不该违背什么。那需要孩子遵守什么、又不能违背什么呢？就是规则！

还记得动物园的老虎咬人事件吗？引发全面展开了对不遵守规则和秩序的大讨论。日常生活中，存在大量的不守规则和秩序的现象，最普遍的，像闯红灯、不按顺序排队等。这是人们对规则的漠视。

从心理学的角度来说，不遵守规则，是内心深处不希望自己被外界现实制约，希望一切都能按照自己的想法想怎样就怎样，就像自己很强大一样，强大到似乎自己面前就没有危险存在，可是当危险来临时，却已追悔莫及。

规则，对孩子的成长来说非常重要，心中没有规则，不遵守规则，不想自己被限制，带来的危害不可想象。

就从现在的校园来说，小到学生迟到旷课、公然和老师顶撞，大到校园欺凌、离家出走、打架斗殴，屡屡触碰规则的底线，如果这类不遵守规则的孩子踏入社会，一定会成违背规矩的人，且伤及的不仅是自己还有他人。还记得某位歌

唱家的儿子吗？从小拿了一堆大奖，还没成年，就因打架斗殴甚至犯刑事案件等被判处有期徒刑，因为漠视规则，将原本大好的前程白白葬送了。

说了这么多，那什么是规则？规则就是家庭的家规、学校的行为规范、单位的规章制度、社会的法律。规则不单单是用来约束孩子行为的标准，还是引导孩子成长、前进、树立学习目标的重要推力。

不过在家庭教育中，很多父母只看到了规则的约束性，却忽视了让孩子遵守规则需要引导的这一面，而这一面也恰恰是遵守规则的关键。

◆父母要灌输给孩子规则观念

父母要经常给孩子灌输一个观念："万物莫不有规矩。"古人称圆之标准为"规"，称方之标准为"矩"，这就是古人的聪明智慧，并告诉后人，生活在规矩中，人生就在方圆里。

规是约定心的，矩是约束行的，手中有尺度，心中有规范，人才站得直、立得正、走得远。大社会有大规矩，小集体有小规范，微生活有细规则。过马路要遵守交通规则，玩游戏要遵守游戏规则，比赛要遵守比赛规则。父母要时时处处提醒孩子，不遵守规则会有什么后果出现，引起孩子对规则的重视。

◆父母要培养孩子遵守规则的意识

国有国法，家有家规，在家父母就要培养孩子遵守规则，出门也要遵守外面的规则，这些约束在孩子成长过程中起着很大的促进作用。

德国是一个很讲究规则的发达国家，他们深信，人与人之间遵守规则才能让生活更愉快、和谐和安定。一次听朋友讲，他去德国出差时有一次去卫生间，出来时被一位女士拦住问有没有看到她儿子，因为她儿子进男卫生间已经好一会儿了，一直没有出来。后来朋友进去帮忙找，在一个间隔内找到了小男孩儿，也就十来岁的样子，他正在那里敲敲打打地修水箱拉杆。原来是拉杆失灵没办法冲水了，这个小男孩儿觉得自己上完卫生间后不冲干净，是对下一个上卫生间的人的不尊重，也有失自己的尊严，所以他一定要把它修好。

父母要记住，除了学习以及吃饱穿暖以外，孩子成长，还需要依靠很多生存的能力，而规则是帮助他们带来更好成长效果的认知理念，所以，父母要培养孩子从小遵守规则的意识。

◆培养孩子执行规则的习惯技能

其实很多父母是有规则意识的，孩子也有一定的规则意识，但是却经常违背，因此时不时会出一些问题，让父母帮忙收拾烂摊子。其实，很多时候并不是孩子故意这么做，而是不得要领，还需要父母引导。

比如，有些孩子跟着爷爷奶奶一起生活，从小没有树立起过马路要等绿灯的规则习惯，等到上小学后，爸爸妈妈带孩子过马路，发现孩子一路小跑着闯红灯，他只是觉得以前都是这样和爷爷奶奶一起过马路的。这时候爸爸妈妈就要告诉孩子，要等绿灯亮了才能过马路，这是交通规则，否则，闯红灯很可能会造成不可挽回的后果。

让孩子遵守规则，更重要的是父母要以身作则，给孩子树立良好的形象，要求孩子做到的首先要自己做到、做好。

遵守规矩是立人的基础，是伴随孩子一生的能力。学会遵规守矩，人生才不会偏离方向，才能行稳致远；学会利用规矩，才能推陈出新，创新发展。因此，父母应该将规矩教育作为家庭教育的重要主题。

把规则意识种在孩子心里

◆在家中立规则

◆聚焦于主要事情

◆父母要给予孩子尊重

明明和孩子反复强调，公共场合不要大声喧哗，但看到同学他还是大声嚷。

规定好写完作业才能拿手机，可孩子作业写到一半就拿起手机。

说好的到点洗漱睡觉，可点到了，孩子一点儿睡的意思也没有。

……

虽然制订了规则，但是父母也会发现，很多问题，尽管在天天说，天天管，天天盯着，但效果却并不理想。而且，随着孩子慢慢成长，自主意识越来越强，逆反心理加重，不但规则起不到什么作用，孩子身上显现出来的问题逐渐增多。这到底是怎么回事呢？其实根本原因还在于孩子没有那么强烈的规则意识。

从心理学的角度来看，孩子的坚持性和自制力还处于发展阶段，不能像成人一样控制言行，虽然他们知道有一些规则要遵守，但有时候却会忘记，或者心存侥幸心理去触碰。而之所以出现这种情况，归根结底还是因为孩子心中不具备规则意识。

规则意识，指的就是发自内心的、以规则为自己行动准绳的意识。比如说遵守校规、遵守法律、遵守交通规则、遵守社会公德、遵守游戏规则的意识。生活在社会这个大家庭中，如何“去自我”，如何“合群”，需要的就是规则意识。

孩子缺乏规则意识，主要原因如下。

一是家中没有规则。中国传统家庭都有“家规”，家中有规则，孩子从小受规则熏陶，就能培养出规则意识。不知道从什么时候开始，家规逐渐淡出了我们的家庭。没有规则的家庭，就是在放纵孩子成长，让孩子像脱缰的野马一样横冲直撞。

二是家中有规则，但都是家长定的，且基本上就是让孩子遵守。这无疑是“霸王条款”，孩子不但难以遵守规则，还会厌恶规则，如此更没有办法在心中形成规则意识，而且还会让孩子觉得这样没有受到平等和被尊重感，认为父母指定的规则是阳奉阴违，同时也直接对父母享有的特权提出了质疑。

三是家中规则总变化。有时候有规则，有时候没有，总是变化，让孩子感到不严肃，所有觉得遵守不遵守都没关系。

四是父母不遵守规则甚至还破坏。父母是孩子的榜样，自己不遵守规则，孩了就很难养成规则意识。规则不是靠嘴说给孩子听的，是靠践行的。一切孩子的问题，都能从父母身上找到影子。父母没有规则意识，孩子的行为就没有了界限。在孩子不断挑战规则底线时，你只能动用情绪大声斥责、控制，被控制下的孩子虽然屈服于父母，但同时也学会了逃避责任，既不能形成规则意识，又歪曲了是非观。在孩子不断越界、父母不断限制的环境中，孩子的行为只能持续错误。

五是父母对规则把握尺度不一。父亲或母亲任何一方没有规则意识，或者规则把握尺度不一，都会让孩子倾斜于不遵守规则或者尺度宽松的一方。

因此，在帮助孩子树立规则意识时，需要父母做好以下几点。

◆在家中立规则

家规要立，但要注意以下几点事项。

1.规则不怕细

立规矩就是为了培养孩子良好的行为规范，方方面面都不能忽视，比如吃饭时有饭桌上的规矩；待人接物有待人接物的规矩；孩子卫生方面有规矩，穿衣睡觉方面有规矩……总之，规则立在细节里。

2.家规要持久

立了家规，就要持续保持遵守，不能今天有明天没有，日常生活中的方方面面，吃喝住行，都得按照规则来办。

有一个心理学实验：将小白鼠放在一个各处有食物和水的笼子里，只是在一个地方通了电，只要碰到这个地方，小白鼠就被电击。开始时，小白鼠经常被电到，但时间长了，它记住了那个位置，再也不去吃那边的食物和水，结果它可以肆意玩闹、进食，再也没被电到过。

而另一边同时进行着小白鼠的实验，同样的笼子，同样的各处有食物、水，只是通电的地方不止一处，且有时通电，有时又断电。结果明明不能碰的地方突然能碰了，而原来能碰的地方又会遭受电击，最后让小白鼠极度不安、焦虑、暴躁，甚至抑郁、恐慌。

这个实验和立了规则却总是变化如出一辙，因此，父母要注意一直持续遵守。

3.父母要做好表率

既然父母要求孩子遵守规则，那么不管是家规，还是出门在外的规则，父母首先要自己遵守。比如过红绿灯时，切不可拉着孩子的手抢灯或闯灯；公众场合不能大声喧哗；坐车自动排队等。而面对家规时，父母更要做好表率，因为父母做的，孩子都看在眼里，学在心里，因此父母一点一滴更要做好。且父母双方要保持一致，不能一个遵守一个违背，尺度也仅能保持唯一的一种，更不能让孩子觉得规则只是设给自己的。总之，不管是家里，还是家外，父母都要将遵守规则这点时时做给孩子看。

◆聚焦于主要事情

聚焦并解决最重要的事情，这种意识和能力就是“解决主要矛盾”的能力。任何时候，都要先完成自己必须完成的任务后，再做其他事情。比如先写作业，再看电视、玩玩具等。

聚焦主要事情，还要具备延迟满足能力。有个著名的“棉花糖实验”，就说明了延迟满足的重要性。

心理学家给幼儿园的孩子做了个实验：

每个孩子都有一颗糖，如果当时吃掉，只能得到一颗，但如果过一会儿再吃，就能再额外得到一颗。有的孩子马上就吃了，而有的孩子则等到了第二颗糖。多年后的跟踪结果显示，那些能够“自我延迟满足”的孩子，发展得更为优秀。

延迟满足是一种能够为了更有价值的结果，放弃即时满足的选择取向，在等待中能展现自我控制力。

心理学家认为，延迟满足是个体完成各种任务、协调人际关系、成功适应社会的必要条件。孩子成长中能够聚焦于主要事情，延迟满足其他的需求，这本身就是对规则的重视。

◆父母要给予孩子尊重

虽然有规则，但父母在孩子面前不能居高临下，要尊重孩子，说错话、做错事也得及时承认并反省。不能武断，尤其不能说“你就照我说的做就行了，别老问为什么”，这样的话不仅伤害孩子的自尊心，还会影响他树立规则意识。

此外，制订了规则，孩子不遵守该怎么办？这也是父母面临的一个非常棘手的问题。一旦遇到这种情况，父母不妨尝试这样做。

接纳孩子违反规则这件事。事情已经发生，责备孩子也于事无补，坐下来跟孩子谈谈，是执行过程中遇到了什么困难，还是他压根儿忘记了规则这回事。耐心听孩子将违反规则背后的原因说出来，然后和孩子一起讨论，真是遇到困难了，那么从规则来看，是不是存在过于苛刻的问题，如果是，可以适当放松；如果是孩子忘记了，那么就要让孩子给出接下来再次违背的策略。

还需要记住一点，孩子遵守了规则，或者开始没做好，后面做得非常好，父母要记得及时给孩子鼓励，并期待他更好的表现。

制订规则请让孩子做参与者

◆与孩子一起磋商制订规则

◆用建设性用语替代否定性用语

◆规则要细化到每个点

很多时候，制订了规则，但是孩子执行起来却不好，甚至有时候还跟父母对着干。五年级的沁沁就是这样一个女孩子。

沁沁的语文成绩不是很好，尤其是写作从不得章法，妈妈看着着急，于是便让沁沁每天晚上写完作业后，读两篇短文。最初还好，沁沁每天完成作业都主动阅读短文， 可是没过两天，沁沁就不愿意再读短文了。妈妈见后，督促沁沁阅读，并且还说规定了要读就得读。结果没想到，沁沁说我没有答应，我不想读了。就这样，母女俩为一次阅读大闹了一场。

像上面沁沁这种情况，让很多父母都很头疼，明明制订了规则，可孩子就是坚持不下来。其实，要想让孩子始终都能遵守父母制订的规则，最好的办法就是让孩子一起参与。

心理学家做过一个实验：让被试者掷骰子，并获取奖励，骰子点数越高，所得奖励就越高。

在掷骰子概率完全一样的情况下，心理学家给出了两种方案：

第一种是自己掷骰子，但需要付出2元钱成本。

第二种是让别人帮忙掷骰子，不用支付任何成本。

在通过对不同群体做了类似的实验后，心理学家发现一个惊人相似的结果：

80%以上的人都选择了第一种方案，愿意支付2元钱自己掷骰子。

最终心理学家得出结论：给予对方相应的控制感，会在一定程度上增加他们的满意度。

而赋予孩子参与的权利，让孩子从单纯的遵守规则者转变为制订者，这从本质上来说就相当于提升了孩子的控制感。

因此，在制订规则时，父母不妨邀请孩子一起参与，这样让孩子更容易遵守规则。当然，让孩子参与规则制订，也是要讲究方式方法的，下面我们就具体来看看。

◆与孩子一起磋商制订规则

规则的制订目的，是为了利于父母和孩子，并不是管理和限制，在制订时，让家中的每个成员都参与进来，这样每个人的感受和想法都能照顾到，特别是让孩子参与规则的制订，体现了父母对他的尊重。可以跟孩子这样说："我们现在要制订一些规则，来让咱们变得更好，这些都是需要我们大家一起努力做到的，因此，你来说说你针对规则有什么想法和建议。"

孩子如果愿意参与的话，父母要真正重视孩子的想法和建议，如果觉得哪里有不妥的地方，可以和孩子商量。父母的想法和建议也可以征求孩子的意见，看哪里还需要完善，比如尺度的把握等。

整个过程下来，不仅加强了孩子的规则意识，还锻炼了孩子的独立自主能力。

◆用建设性用语替代否定性用语

我们在制订规则时，大多有个习惯，那就是里面有太多的"不许""不要"，然而，这些否定性的用语，不管是口头说出来的，还是书面表现出来的，总会给人不舒服感，给人一种重重的束缚感，甚至是压迫感。哪怕是在制订规则的过程中，一直在罗列这也"不许"，那也"不要"的话，别说孩子，恐怕父母自己心里也不舒服。

英国维多利亚女王小时候在德国接受教育，她就曾与朋友抱怨过，说："他们总在告诉我，作为一个可能继承王位的人，不应该这样，不允许那样。那么请问，有没有人告诉我，应该怎样做？我需要做些什么？"

所以，如果在制订规则时，将这些否定性的“不许这样做”等用语，都用建设性的“可以这样做”等用语替代，效果会更好。

比如将“不能太粗心了”改为“多些认真细致”，将“不许没礼貌”改为“见人记得打招呼”等。

规则拟好了，就通过书面的形式表现出来，然后每天都按照规则来执行。因此在落实到书面上时，就要让孩子提供一些建设性的用语，既不会让孩子觉得有束缚感，同时又能提起他遵守规则的积极性。

◆规则要细化到每个点

制订规则不能太笼统，要细化到每个点，或者给出清晰的模板。父母都清楚，制订出的规则虽然自己也要遵守，但主要目的还是让孩子明确哪些能做、哪些不能做，该怎么做，因此，这其中的每一条每一项都要有清晰明确的标准。

就拿孩子写作业来说，在制订规则时，就不能要求孩子尽早完成，而是要细化到完成的时间。这点因为涉及孩子具体的操作，让孩子自己来决定到底要写到几点结束。其中，语文、数学、英语等，又可以单独来划时间，分别需要多少分钟。

如果孩子还处于低年级，对时间没概念，那么父母不妨帮孩子定一个时间，但这个时间一定是按孩子平时的作业量来定的，并且征求孩子的意见。

与孩子一起制订规则时，父母要注意，尺度把握不能太苛刻，可以征求孩子的意见，否则孩子在执行过程中会抵触、逆反。

理解规则是执行规则的前提

◆规则意味着自己越来越好

◆用直观方式让孩子理解规则

◆规则意味着对自身与他人的负责

要让孩子遵守规则，首先就要让孩子充分理解规则，让他清楚地知道规则是做什么的，规则与自己有什么关系，能给自己带来什么好处。只有理解了这些，孩子才愿意遵守规则。孩子之所以不愿意遵守规则，往往是因为他们将规则看作束缚和禁止，甚至是为了父母的方便和利益。

比如让孩子每晚睡前刷牙，很多孩子不愿意刷，认为这是父母对他的约束，其实父母不过是不想孩子长蛀牙，再大一些的孩子，可能也为了牙齿的亮白美观。只是孩子不理解，总觉得父母要求的都是约束。

认为规则是束缚、禁止，是为了父母的方便和利益，这其实是对规则的一种误解，因此，父母想要孩子执行规则，首先让孩子理解规则是什么。

当然，不同年龄段的孩子，对规则的认识是不同的，我们不管是在建立规则还是执行规则时，都要遵循孩子发展的规律，尊重孩子的身心特点。下面我们以表格的形式向大家展示一下各年龄段孩子对规则的认识。

各个阶段孩子对规则的认识

年龄阶段	对规则的认识
2~5 岁：自我中心阶段	这个阶段的孩子“自我中心意识”非常强，规则或成人的要求对这个阶段的孩子还起不到约束力，因为只按照自己的意愿去执行。若想让孩子改善自我中心意识，最好的办法是不约束，而是让孩子去和同伴玩耍。
6~8 岁：权威阶段	这个阶段的孩子是最遵守规则的时候，而且是绝对遵守成人、权威者的命令，以及会坚决遵守外界环境规定的规则或提出的要求。
8~10 岁：可逆阶段	这个阶段的孩子已经不再认为成人制订的规则或者命令是该绝对服从的，不过会认为道德规则是固定不变的。他们会认为规则是相互约定，你要我遵守，你也得遵守。
11~13 岁：公正阶段	这个阶段的孩子不再刻板地按照固定的规则判断一些事情，而是会考虑到一些具体的情况，会有关心和同情的情感成分掺杂在规则里。

根据孩子不同年龄段对规则的理解和接受程度，要特别提出权威阶段，这时候的孩子绝对信任父母，愿意服从父母。父母在此时一定注意规则的树立，不能对孩子进行不恰当的约束，否则即便孩子服从，但也很有可能不是发自内心的。

下面我们就来具体说说规则到底是什么。

◆规则意味着自己越来越好

在孩子成长中，规则大部分内容都是为了让孩子养成良好的生活习惯和行为习惯，这也是为了让孩子变得越来越好、越来越优秀。孩子在重复性的、有规律性的生活习惯中会有安全感，并且利于他们意识到这些习惯的存在，并逐渐建立习惯。

有一个孩子每天放学回家后，妈妈给他规定了固定的书包摆放位置。而有段时间妈妈出差，由姥姥在家带孩子，结果妈妈回来时，就发现孩子放学回家后，随便将书包往沙发上一丢，姥姥马上过去帮他拿起来放在了书桌旁。结果妈妈又将这一规定跟孩子说了一遍。

其实，只要给孩子建立了有规律的生活程序，他们对规定的行为也有了预见性，且养成了一定的行为习惯，他们不会觉得规则是一种约束、束缚，反而会愉悦地主动执行。当然，这个习惯的养成，一定要保持一致性，不能像案例中的姥姥一样，妈妈一走，就可以随便让孩子丢书包。

◆用直观方式让孩子理解规则

很多父母在给孩子制订规则后，孩子不愿意执行。就拿零食来说，孩子基本上都喜欢吃零食，如饼干、糖块等。父母往往会规定孩子每天可以吃多少，但是孩子大多不听。

其实，要解决这个问题就可以采用直观的方式让孩子理解为什么每天规定他只能吃那么多。就是给孩子介绍健康饮食的概念，给他看健康膳食金字塔图，进而让他直观地认识到，一个人一天当中可以进食多少主食、蔬菜水果、肉类、奶类等，甜食仅需一点点，占据塔顶的一小块位置。孩子看过这个图之后便会有概念和意识，那么他想多吃的时候，就会想到这个图。

孩子的逻辑思维能力还不是很强，更习惯于具体思维，像上面这种用具体的图像来帮助孩子建立规则，孩子更容易接受。

◆规则意味着对自身与他人的负责

让孩子遵守规则也是对孩子自身与他人的一种负责的表现，同时规则要以不伤害他人以及公物为界限。

以坐车不能向车窗外伸头、伸手为例，如果孩子不遵守这一规则，任意地伸头、伸手，会造成什么样的后果？这一点在给孩子讲规则时，就可以引导孩子去想想。

再如楼道内的墙壁，本该只张贴一些社区的宣传海报以及与人们生活息息相关的信息，但如果孩子不遵守规则，总在墙壁上乱涂乱画，想想整个楼道会成什么样子？可以引导孩子想想，天天行走在这样一个乱糟糟的楼道环境中，有没有感觉不舒服。而且这种乱涂乱画，是不是也影响了整个单元的居民？

还有过马路不能闯红灯，是为了维持有序的交通秩序，有利于道路畅通，同时也有助于孩子自身的安全出行。在给孩子说遵守交通规则、不能闯红灯这点，父母就可以让孩子想想，如果不遵守交通规则、乱闯红灯会怎样，并且让孩子讲出来。孩子就会将一些可能说出来，如堵车、碰车等，而堵车有可能上学迟到，碰车有可能让人受伤……

孩子更愿意接受他所信任和爱戴的人的规则，因此，在让孩子理解了规则执行时，父母还要坚持对孩子的爱和尊重，与孩子间建立起一种良好的亲子关系，成为孩子信任和爱戴的人。

遵守规则与快乐成长并不违背

◆规则并不影响孩子的想象力

◆“坚定并温和”让规则和快乐同在

近似残酷的“狼爸”“虎妈”教育方法，让不少人大加指责，言之灼灼地提出要给孩子宽松的环境，让孩子快乐地成长。然而很多人提倡的宽松环境、快乐成长，是没有边界的，这种给孩子的宽松、快乐，不但不利于孩子的健康成长，甚至还会在某种程度上纵容孩子的一些不良习性。

很多父母认为，吃得好、穿得暖，做事随孩子的喜好，这就是快乐成长。尤其是一些经历过艰辛成长的父母，总希望孩子能够生活得好些，不过，不经历磨炼，就难以体会真正的快乐，没有规矩的宽松与快乐，孩子也不会懂得珍惜。孩子在竞争中缺乏忍耐力、吃苦精神，没有上进心，学习态度懒散，这都与孩子成长中没有规则、习惯了随心所欲有密切关系。

有关教育及心理专家认为，孩子的快乐之根本不是父母给他们多少，而是让他们懂得付出后有回报、有成就感才能收获真正的快乐。没有规矩不成方圆，生活处处要有规则，人们遵守规则，生活才会有秩序，否则就会乱成一锅粥。因此，遵守规则和快乐成长并不违背，规则只是为了保证孩子在良好的环境中快乐地学习、健康地成长。

那具体如何认识遵守规则与快乐成长是不相违背的呢？相信父母通过下面两点就能有所领悟。

◆规则并不影响孩子的想象力

很多父母担心，过早、过多给孩子套上条条框框，会制约孩子的想象力，让孩子丢掉了原本可贵的创造性思维，甚至有些父母还担心，因为规则的约束，孩子缺乏独立思考能力。

孩子的想象力固然对孩子的天赋发挥、展现有着重要的作用，但是随着孩子年龄的增大，孩子要逐渐适应社会。就比如上学要遵守学校的规章制度这点，孩子要遵守，而遵守并不意味着就失去了快乐，而是在有秩序的环境下更快乐地学习成长。在家庭教育中也是一样，父母掌握好一个“尺度”，在规则下，孩子一样能轻松愉悦。

就拿10岁左右的孩子来说，正是可塑性非常高的时段，但这个年龄段的孩子自制力缺乏，如果任由他们自由发展的话，就会生出不少枝枝蔓蔓，而规则就是“修剪”这些枝枝蔓蔓的最好工具，这些枝蔓少了，孩子才能将更多的精力注入到主干中，最终成长为参天大树。

有规则，孩子会感到压力，但这个压力孩子能够适应的话，就会促进孩子的发展，同时激发他们的天赋潜质。当然，这个压力不能过大，比如一天当中几乎没有孩子与同龄人一起玩耍的时间，这样就太苛刻了。

当然，也不排除天赋过人的孩子，规则可能会扼杀他们的天赋和创造性，但是并不是所有的孩子都具备如此高的天赋。这还需要父母具备一双慧眼，早日识别孩子的天赋所在，以做区别对待。

◆“坚定并温和”让规则和快乐同在

父母“坚定并温和”的教育模式，让孩子更容易接受。那怎么理解“坚定并温和”呢？就是尊重孩子的天性，给他们空间，但并不等于放纵他们，任由他们肆意妄为，要耐心帮他们认识自己、完善自己，鼓励他们建立独立的生活模式，而这个过程就需要规则来辅助。但若想真正做好“坚定并温和”、规则和快乐同在，还需做好以下几点。

1.自由和规则相辅相成

规则的制订，要因人而异，比如自律性强的孩子，父母可以在规则制订上宽松一些，给予他们更多的自由空间；自律性差的孩子，就要适当多“压一压”，如果过于自由和宽松，会让孩子过高预估自己的能力，变得眼高手低。

2.坚持底线，方式灵活

让孩子执行规则时，底线不能触碰，但执行规则的方法却是可以灵活多变的。

很多父母常希望规则一经制订，马上就收到立竿见影的效果，但孩子因为理解能力、思维能力、自控能力等都不成熟，根本没办法做到这点，而且还会觉得受束缚了。此时父母就需要在执行方式上灵活一些。

比如，孩子坐车需要系安全带，很多孩子嫌不舒服，不愿意系。有些父母可能会强制孩子系上，但往往最后搞得孩子不愿意，父母也会生气。但如果换一种方式，给孩子一个选择：“要开车了，把安全带系好吧，让妈妈帮你系，还是你自己系？”这个时候，往往孩子就会自己系上。

其实，规则和快乐，是两个并不矛盾的论题，父母在倡导让孩子快乐成长的同时，也别忘了规则教育。

违反规则应合理惩戒

◆看孩子是否违反了规则制订的意图

◆惩戒和奖励并行

制订了规则，孩子就要遵守执行，一旦违反，则应受到惩戒，这样才能强化孩子的行为，让孩子对遵守规则形成习惯。

其实，对孩子违反规则实施惩戒教育与赏识教育一样，皆有其存在的学习心理学依据。现代西方学习心理学联结派的代表斯金纳就认为：行为随着其后的及时的结果变化，愉快的结果强化行为，不愉快的结果抑制行为。惩戒教育就是要对孩子的不当行为施以不愉快的结果，以抑制其不当行为的一种教育方式。

因此，对于孩子不遵守规则给予的惩戒，其实就是改善孩子的不当行为。那么，父母到底该怎么对孩子的违法规则行为进行惩戒呢？这里就需要惩戒合理了。

◆看孩子是否违反了规则制订的意图

孩子违反了规则应受到惩戒，但是在惩戒时，父母应看清孩子违反的是规则表面的意思，还是违反了规则指定的意图，也就是规则制订的原因和目的。如果违反的是规则制订意图，那么就要惩戒，如果没有违反，则要弄清其中的原因。具体该怎么做？大家不妨看看下面这个实验。

研究者设计了一个实验，他们招募了近80名4~10岁的孩子，并通过故事形式，让孩子们掌握规则的意图。故事有两个，第一个故事是这样的：

学校图书馆贴出一个规定：为防图书丢失或弄脏，每个孩子只能带四本书回家。之所以这样规定，是因为太多的书放不进孩子很小的书包中，如果硬放，就有可能弄脏、弄坏甚至丢失图书。一旦违反规定，孩子就不能在休息时间出去玩儿了。

提米就在这个学校读书，因为同学生病了，他在给自己带了四本书后，又帮同学一起带四本书，也就是说，他一共带了八本书回家。

第一个故事结束了，第二个故事，同样是提米带了八本书回家，不过是提米用了一个足以装下八本书的超大书包将书带回了家。

很显然，两个故事中，提米都违反了图书馆规定：不能带多于四本书回家。但是这个规定只是字面上的。而规定的真正意图是防止图书弄脏、弄坏和丢失。所以，第一个故事中，提米就违背了规定的意图，而第二个故事因为换成了大书包，所以没有违背规定的意图。

故事看完后，研究者向孩子提出了一些问题：

提米能不能在休息时间出去玩？（该不该受到惩罚）

提米违反规定了吗？（规定的字面意思）

提米做错了吗？（行为是否存在不当，是不是该受惩罚）

制订规则的图书馆管理员会对提米生气吗？（情感反应，提米会不会被惩罚）

在孩子们给出回答后，研究者发现，大多数孩子认为连规则的意图都违反的行为应该受到惩罚，但是没有违法规则意图的行为可以不受惩罚，而且年龄越大的孩子，对这种倾向越明显。

由此可见，即便是4岁的孩子有些也已经能够理解规则的制订意图，更别说小学阶段的孩子了。因此，父母在对待孩子是不是违反了规则时，要理智分析其中的原因。

比如，父母规定写完作业前孩子不能看手机，但是孩子因为要看老师发到班级群的作业，就拿起手机看了，这就是违反了规则的字面意思，但却没有违反规则的意图，所以不该受到惩罚。

◆惩戒和奖励并行

孩子违反了规则要惩戒，但是孩子对规则执行非常到位，就要奖励了。心理学认为，对规则认真执行的人给予奖励，是一种正向强化，可以让孩子做得越来越好。

比如，规定孩子每周读一本课外读物，孩子不但都做到了，甚至还超额完成了，这时候父母就要对孩子进行奖励。奖励孩子一件喜欢的文具、玩具，甚至是带孩子旅游等。

不过对孩子的奖励也得设置标准。

首先，得到奖励的标准难度要适中，一定是孩子努一把力就能得到的，过难或过简单都会降低孩子的热情。

其次，奖励不要一步到位，要有难度梯度或者积累的过程，这样能增加孩子好行为发生的频率，同时也能帮助孩子形成坚韧的品质和耐受力。

最后，在奖励孩子的时候要明确告诉他是为什么得到的奖励，让孩子明白自己在哪里做得好。

在制订规则时可附加奖惩措施，以此来强化孩子好的行为。每个孩子在心底都渴望被家长认可和表扬，所以奖惩激励能更好地推动整个规则执行。那么该如何制订奖惩措施呢?

不管是惩，还是奖，父母双方注意标准要保持一致，切勿给孩子双重要求，否则孩子就会“钻空子”，且出现时好时坏的不稳定情况。

规则与自由的平衡

◆规则是自由的边界

◆在规矩中给孩子最大的自由

不少父母崇尚自由教育，因为对孩子来说，自由是成长的前提条件。没有自由，孩子将无法独立自主，没有自由，孩子将无法从心理上长大成人。不过，在教育的过程中，也有一些问题让崇尚自由教育的父母头疼，比如孩子越来越难管、越来越自我。其实，出现这种问题的原因，大多是崇尚自由教育的父母过于崇尚自由，走向了彻底放手、彻底让孩子自由的极端。

五年级的放放已经长到一米六的大男生了，但是却让从小崇尚自由教育的父母倍感头疼，原因是他身上有很多毛病，实在让父母看不下去。就拿春节回爷爷奶奶家来说吧。

春节了，在外忙碌了一年的大伯、叔叔、姑姑们携家带口地都回来了，老老少少几十口人。到了吃饭时间，爷爷奶奶还没坐桌边，放放却已经坐过去开吃了，爸爸妈妈让他起来给长辈让座，他还理直气壮地说：“我都饿半天了，那不还有那么多座位吗？”

真正的自由，是让孩子在一定限制下有秩序地成长，否则无拘无束成长，没有任何约束，多半会演变为宠溺、娇生惯养，致使孩子不懂尊重、不讲礼貌、以个人为中心、刁蛮任性、不服管教……就像上面案例中的放放一样。如此的“自由”教育，只会让孩子放任自流。

真正的自由是顺应孩子的天性，尊重孩子的选择，但并不是彻底放手。真正的自由是有规则的自由！

其实，父母既想让孩子自由成长，同时又不想让孩子放任自流，做到这两者“兼容”也不是不可能，只要在两者之间找到一个平衡点即可。那又该怎么找到这个平衡呢？

◆规则是自由的边界

Liberty，是从日语转借过来的，现在被译为“自由”，最初是严复翻译的，且最初的翻译是“群己权界”，也就是自己与他人权利的边界或界限。有了这个界限，人才有自由；若没有这个界限，人人都由着性子来，最终人人都会失去真正的自由。而规则就是自由的边界。在这个边界内，以下三类规则是要孩子必须遵守的。

1.交往类规则

生而为人，就要具备与人交往的能力，合作、协商、分享、倾听、表达等规矩与技能，孩子都要学会并遵守。比如，与人交往要有礼貌；别人的意见与自己不一致时，要懂得倾听；用恰当的方式表达自己的想法等。

2.集体生活类规矩

主要体现于自己与他人或公众间的边界。比如，上楼梯时不大声喧哗，否则会扰民；不经允许不拿别人东西等；爱惜公共物品，爱护身边的环境，注意节约资源等，这些都要遵守。

3.道德类规矩

遵守道德类规则能防止自己或他人受到伤害。例如，推人、挤人、打人等会让自己或他人身体上受到伤害；取笑别人、骂别人或伤害别人的情感等会给他人造成心理上的伤害；独占玩具、破坏财物、偷窃等会伤害公平和权利等。要多正向引导孩子做一些积极行为，比如关心帮助他人，人前要懂谦让等。

◆在规矩中给孩子最大的自由

让孩子执行规则，还不失快乐和自由，父母就要给孩子清晰的规则界限，在底线范围内给孩子最大限度的自由。怎么给呢？非常简单：不侵犯孩子的个人领域，给孩子最大的自主选择权。

大家先来思考一下以下问题：

你要求孩子给你讲讲学校的趣事，孩子有没有权利保持沉默？

孩子有没有选择和谁一起玩的自由？

周末郊游，可不可以由孩子决定去什么地方？

出外就餐，孩子能不能决定自己吃什么？

……

这些都是有关孩子自由选择权的问题，当然还有很多，比如孩子有没有选择自己穿什么衣服、买什么衣服的权利，有没有自主选择兴趣班的权利等。通过这些问题的回答，相信大家都能在一定程度上明白该如何在规则范围内给孩子最大的自由。

而在这里有个原则，就是规则的制订不要侵犯孩子的个人领域。何为个人领域呢？个人领域指的就是和个体自主权利相关的且不受社会规则制约的领域。比如上面的问题，都涉及与孩子相关的自主权利，所以也属于孩子的个人领域。此外，孩子的私人物品、独处空间等，都属于个人领域的范畴。父母要注意在这些问题上给孩子最大的自由。

著名教育家马克斯·范梅南认为："任何孩子（不管是特别有才能的还是没有才能的）的个人自主选择、秘密都是对孩子自我个性和独特性的见证。这种认知是所有家长应具备的。"

总之，自由是规则的边界，在规则中父母要懂得给孩子最大的自由，这样便掌握了自由与规则间的平衡，让孩子在规则的最大范围内自由成长。

第八章

陪伴：倾情陪伴给孩子成长的勇气

一切的爱，都基于陪伴！父母的陪伴是孩子成长中最坚实的后盾。但是陪伴可不是简单地陪坐在孩子旁边、陪行在孩子身边，陪伴要有质量、要有深度、要走心，要通过陪伴和孩子做朋友，要通过陪伴促成与孩子间的良性互动，要通过陪伴从孩子的视角发现问题。然而，陪伴也应有度和界限，越界的陪伴只会引起孩子的反感……

父母的陪伴是孩子成长最坚实的后盾

◆给孩子高质量陪伴

◆给孩子高效陪伴

当今有关孩子的问题有很多，其中最为突出的一个就是对孩子的陪伴问题。为了给家庭、给孩子创造更好的生活，父母都忙于工作，而忽视了对孩子陪伴，认为来日方长，等以后有的是时间陪孩子，况且有学校老师在教育孩子呢。然而，父母陪伴的价值远超过任何教育，只有父母的陪伴、父母的爱才是孩子成长中最坚实的后盾。

有这样一个小故事，说的是父亲下班后回家很累、很晚了，心情也不太好，结果发现5岁的儿子正在等他。

看到父亲回来了，儿子问他一小时挣多少钱，父亲按捺着不悦的心情回答说1小时能挣20元。

儿子听完有些沮丧，稍顿了一下后，迟疑着恳求父亲借给他10元。当听到儿子借钱的想法时，父亲爆发了脾气，凶了儿子一顿。

儿子默默回到了自己房间。过了一会儿，父亲情绪缓和，想着自己不该对孩子发脾气，于是拿着10元钱来到儿子房间。儿子接过钱对父亲道谢后，又从枕头下面拿出一些发皱的钱币，细细数起来，然后说："爸爸，现在我有20元了，我想买你1小时的时间，可以吗？明天早点儿回家，我想和你一起吃晚饭。"

故事讲完了，或许大家都能明白：一切的爱，都基于陪伴！

不可否认，一些父母深知陪伴对孩子成长的影响，于是便从百忙之中抽出时间来陪孩子，有些妈妈甚至选择了辞职做全职妈妈。不过，虽然父母有陪伴的意识，却也存在不少误区，概括起来基本有以下几种。

父母对陪伴的误区

父母虽常陪同孩子一起散步、逛街、写作业等，但人在陪，心却不知在什么地方，不参与、体验孩子的活动、情绪、心理，这不是陪伴。

提醒孩子这不能做、那不能去，担心孩子受人欺负、受委屈，时时护在孩子身边，这种保姆式的看管也不是陪伴。

为了弥补陪伴的不足用物质来补偿，不管多贵多高级的物质，也不能填补孩子内心缺少爱的虚空，甚至还会助长孩子虚荣、攀比等不良心理。

陪伴的时刻一直在说教、讲大道理，说自己的辛苦，说让孩子努力，这种陪伴孩子不但不喜欢，还会害怕，甚至有内疚感和负罪感。

将妈妈的守护当作陪伴也不是真正的陪伴，父母任何一方都不能缺失对孩子的陪伴，这对孩子形成健全的人格非常重要。

父母在陪伴孩子时，需要避开以上误区。那该给予孩子怎样的陪伴呢?

◆给孩子高质量陪伴

美国教育学家莎莉·路易斯在她的作品《唤醒孩子的才华》中写道：“两年前，有人研究哪些因素促使孩子在学习能力倾向测试上得高分。智商、社会条件、经济地位都不及一个更微妙的因素重要，那就是，得高分的所有孩子都有父母高质量的陪伴。”高质量的陪伴除避开以上误区外，还要做到以下几点。

首先，要抛开陪孩子的一切事物或事情，关注孩子的一举一动，专心陪孩子玩游戏、做运动，哪怕只是单纯聊天，也要心无杂念，将这段时间完全给孩子。

其次，陪伴孩子过程中会经常发现孩子的行为有不合理、不完美的地方，但避免干涉和控制，只要不涉及道德规范、个人品质、人身安全的，就不要去影响孩子。

再次，高质量的陪伴一定是双方都感到愉悦和安宁的。亲子共同处于一个放松、舒适、愉悦、亲密的状态中，完全没有精神上的压力，补偿心理、心不在焉、焦虑、生气的状态和情绪统统不要带到陪伴孩子的过程中来。

最后，高质量陪伴是父母良好的示范效应。陪伴不一定就是单纯地陪孩子坐或者玩游戏，也可以让孩子参与到你的工作、生活中。如在厨房忙活时和孩子聊聊天，在擦车时和孩子聊聊天，在工作中遇到好玩有趣的环节，和孩子一起分享。这些都是陪伴，也是高质量的亲子相处模式。

荷兰教育家伯纳德·李维胡德曾说过："孩子对他周围环境的感知越是无意识，这种感知渗透进灵魂的就越多。"不管你做什么，只要你的情绪和态度是在陪孩子，那孩子也能感受到你对他的尊重、爱护，也能感到轻松、愉悦。

◆给孩子高效陪伴

有心理学家曾提出：对孩子"高效陪伴"作用大！父母都觉得没有时间陪伴孩子，因此，我们就利用有限的时间给孩子高效陪伴。怎么做到呢？美国家庭教育家米歇尔·博芭提出的高效陪伴孩子的三个时间段，父母可以参考。

时间段一：早上起床到出门前

早晨有一个好的精神状态，孩子一天的学习、生活状态都不会太差。孩子不起床，不要三番五次催，前面我们曾讲过方法，大家可以借鉴。如果孩子还是不起，可以安一个挂钟在孩子的房间内，告诉孩子，分针到哪里要完成穿衣束发，再到哪里要完成洗脸刷牙，然后吃早饭出门上学。让孩子树立时间观念意识，且不会引起"硝烟"。

时间段二：下班回家后到晚饭前

这个时段可以相互分享一下一天的学习、工作生活，还可以一边干着家务一边聊天。这个过程要注意聆听孩子，有问题及时发现。可以讲讲自己的囧事、开心事，帮助孩子培养积极乐观的人生态度。

时间段三：晚饭后到睡觉前

在孩子写完作业后，陪孩子玩玩游戏，听听音乐，如果孩子愿意，还可以与孩子一起背诵一些唐诗宋词等。

最后孩子睡下后，父母还要记得一个动作：将孩子一天的成绩都记录下来，可以手写，也可以打印，每周周末整理出来，挂在孩子房间，让孩子见证自己的努力。

放下所有的要求、控制、评价，只是单纯看见孩子当下的样子，努力去体会他当下的感受，并愿意和这个真实的人在一起，分享时光。这样，你就做到了高质量陪伴。

放下家长身份，和孩子做朋友

◆创造条件让自己成为孩子的朋友

◆走进孩子的生活

◆放下家长身份

在中国传统家庭教育思想的影响下，父母与孩子之间潜意识里都会形成一种管理与被管理、命令与服从的关系。不管是父母经常陪在身边，还是忙于工作将孩子交给老人养的，不少父母内心深处似乎都有这样一种观念，孩子就得听父母的，父母让孩子怎么做，孩子就得怎么做。

可是孩子不是机器，他们是一个有思想的独立个体，他们在需要陪伴之余，更需要尊重与理解。然而，很少有父母会意识到要与孩子建立起相互平等、相互尊重、相互理解的朋友关系。下面这个案例中，浩南的父母就是这样的。

浩南已经上六年级了，但因为平时父母忙于工作很少陪自己，每天晚上回家后，浩南都要先一个人默默写作业，即便父母下班回家，因为要忙于做饭、收拾，很少跟浩南交流沟通，慢慢地，浩南和父母之间话越来越少。有一次浩南和同学闹了别扭，心情非常不好。于是回家后就没写作业，而是打开了电视消解自己郁闷的心情。不承想，下班回家的妈妈二话不说，立刻走过去将电视关掉了，还斥责浩南不懂自律，不知道自主学习，就知道贪玩看电视。结果浩南一气之下摔门出去，一晚上没回家，直到第二天早上才在警察的协助下找到了蜷缩在一个角落里充满恐惧的浩南。

陪伴孩子并不是陪伴本身有多重要，而是陪伴过程中的爱、温暖、体贴等正面的情绪能被孩子感知到和学习到，因为被爱而学会爱人，与人产生联结。日本教育学家铃木镇一曾说："孩子是一个独立的生命个体，他渴望与尊重、理解自己的人做朋友。父母是孩子最先交往的人，如果他们能放下自己权威的架子，与孩子做朋友，那么良好的亲子关系自然就会建立起来。"因此，陪伴孩子还要懂得放下父母的权威架子，理解孩子、尊重孩子、爱孩子，和孩子成为亲密无间的朋友，给予孩子温暖。

那到底该怎么做，才能和孩子成为无话不谈的好朋友呢?

◆创造条件让自己成为孩子的朋友

有时候想要和孩子成为朋友，还要学习情侣间谈恋爱一样创造条件，这对于陪伴孩子时间非常有限的父母来说非常适合。

就拿雷军来说吧，平时工作很忙，但是他又不想在孩子的教育方面缺失，因此他一有时间就陪孩子，并且还觉得应该与孩子成为朋友。可是，他遇到了一个关键问题，就是怎么变成孩子的朋友，于是他想了很多办法，比如带孩子去骑自行车，孩子很喜欢、很开心。不过北京的雾霾天影响骑车，因此雷军又找到一项更适合与孩子交流并能成为朋友的运动——滑雪。他说在北京想要滑雪，有90%的时间都在缆车上和排队中，这样就有足够长的时间来与孩子交流了。而且在滑雪场那样的环境下，可以和孩子聊许多话题，比平时在书桌旁聊的内容轻松、自在、丰富而精彩。

雷军是他女儿的朋友，而与孩子关系处理不好的父母就可以借鉴一下，也可以自己创造条件，比如和孩子一起去参加兴趣班学习、一起游戏等。

当然，单纯创造了条件还不行，还得找孩子喜欢聊的话题。例如，现在不少孩子都喜欢“TFBOYS”，那父母就可以利用空闲时间多了解这个组合以及每个成员的发展动态，这样在与孩子聊天时就有了谈资。而且这个组合中的三个孩子都非常努力、上进，父母还可以借机给孩子灌输积极向上的励志观念。这样聊着聊着，孩子与你之间的话就会越来越多。

◆走进孩子的生活

走进孩子的生活，指的是父母不仅要关心孩子的吃穿住行、学习等，还要关心孩子的精神生活。就像前面提到的浩南的案例，父母就完全忽视了他的精神生活，因此才导致孩子离家出走。

想要走进孩子的精神生活，最主要的就是坐下来认真倾听孩子，让他将他心里想说的话都说出来。切不可孩子想说，你却不听，或者心不在焉，假装在听，其实是在忙其他事情，这样慢慢会“堵”住孩子的嘴和心，让他们什么事都不愿意说了。

◆放下家长身份

因为年龄关系，孩子的想法可能显得幼稚，但是你若想与孩子成为朋友，就要放低姿态，玩一些你认为有辱智商的游戏，如过家家、藏猫猫等。现在的孩子玩伴少，在陪伴孩子过程中，父母必须承担起孩子玩伴的角色，这样才能有效保护孩子的好奇心、想象力等。

在陪伴过程中，也要尽量避免以家长的身份对孩子指手画脚，只要不触碰规则底线，不会影响孩子的安全，就尽量放手让孩子自由发挥。

当然，不要以家长身份斥责、呵斥孩子等，都是对孩子的平等对待与尊重。

在陪伴孩子成长过程中，父母若能与孩子做朋友，便能更好引导孩子，让孩子相信父母，愿意与父母接近而不是害怕和远离。

最好的陪伴要“走心”

◆不管孩子在做什么，都愿意耐心陪伴

◆看见孩子

◆全身心投入陪伴中

“我一周都见不到爸爸几面。”

“我妈妈就是个手机控，只会玩手机，也不陪我做游戏。”

“妈妈陪我的时候只会督促我写作业，烦死了。”

……

北京师范大学教育学部教授钱志亮认为，父母作为联结孩子与世界的第一人，陪伴的方式和质量决定着孩子构建对自我的认知，学会如何与世界共处，这也就是我们所说的陪伴是最好的教育。

说到陪伴方式和质量，这里我们先介绍两个心理学上对陪伴的一些现象给出的概念。

心灵陪伴

隐性失陪

“隐性失陪”是针对一般意义上的失陪提出的，是容易被人忽视、意识不到的陪伴缺失。用于家庭教育中，指的就是父母虽然有足够的时间陪伴在孩子左右，却因为缺乏有效的沟通，造成了孩子精神上的失陪，亲子间关系淡漠、缺乏信任、沟通不畅。有的父母看似在陪孩子，但精神、心思其实都在其他事情上，如玩手机、打游戏、看电视、想着工作或别的事等。在“隐性失陪”下成长起来的孩子，容易性格孤僻、性情暴躁易怒、交流存在障碍等现象。

“心灵陪伴”是空间陪伴、肢体陪伴的升级，是人与人之间建立以感情紧密联结为基础的良好关系，通过真正的、内心真实的感受来交流、沟通，传递给对方爱、信任和安全感，从而了解他人、关爱他人、相互信任。在家庭教育中，父母通过心灵陪伴传递给孩子的爱和信任将会影响孩子一生，这比任何教育方法都更为重要。

而这里的心灵陪伴也就是我们要说的好的陪伴方式——走心。那如何才算做到了走心陪伴呢？下面我们一起来看一下。

◆不管孩子在做什么，都愿意耐心陪伴

真正走心的陪伴不是要求孩子必须干什么，而是不管孩子在干什么，父母都愿意耐心地陪着。不要在陪伴孩子过程中不断给孩子“挑刺”，否则会让孩子极其反感，甚至不愿意有你的陪伴。

就拿孩子看动画片来说，你不能粗暴地去阻止他看，而是可以陪他一起看，并且一起讨论动画片反映出来的问题，比如主题是有关亲情的，还是有关友谊的，是有关环境保护的，还是有关行为规范的……一边陪孩子看，一边引导孩子正确的观念，比口头说的效果要强上不知道多少倍。

当然，危及孩子安全，甚至是有失道德、品格等偏颇的行为，孩子就不只是单纯耐心陪伴了，而在陪伴的同时要朝正确方向引导。

◆看见孩子

这里说的看见自然不是用眼看见，而是具备一颗同理心，看到孩子内心的情感需求。

我们来看一个案例。有个孩子兴冲冲地回家，告诉妈妈说他这次的成绩考得非常好，结果妈妈接茬说：“再接再厉，争取下次还考出好成绩。”听完这话，孩子的兴奋情绪一下子没有了，只觉得心头有力量没有爆发出来，话也不说便进自己房间了。为什么？

妈妈的话并没有错，可细想一下，当时孩子真正想要做的是分享他高兴、愉悦的情绪，结果妈妈没能感受到这种情绪，或者感受到了却没能与这种情绪对接，结果给孩子一种“剃头挑子一头热”的感觉。

设想，如果当时妈妈说“真的呀，妈妈真为你高兴，我说你一进门就这么高兴呢”，效果会怎么样？孩子是不是会沿着这个话题继续说下去。

这就是“看见”孩子内心的作用，而走心的陪伴正是心与心的交流，是精神与情感上的共鸣。

◆全身心投入陪伴中

走心的陪伴一定是全身心投入的，因为人在心却不在，那与其花10小时在孩子身边，还不如给他1小时的高质量陪伴。

雷军说："我觉得很多时候我们的家长特别在意每天陪孩子做作业，现在的孩子多多少少有点娇气，陪久了以后很容易没耐心，说话比较重。其实我建议不用每天陪，只要检查一下作业就好，更重要的是你每周拿出一两个小时，跟他认认真真地坐在一起，很认真地对待这件事情，认认真真跟他分享学习的方法、学习的过程，培养他学习的兴趣。"

雷军说的"认认真真"无疑就是走心，而且他特别强调这点。

那如何做到全身心投入陪伴呢?

首先，能与孩子互动的一定与孩子互动，这是最容易全身心投入的时候。如果没有互动的情况，又不能打扰孩子，这时更要保持对孩子关注，看他在完成一项小任务后嘴角露出的喜悦微笑；看他没办法将积木搭好的无奈与情绪的波动；看他自言自语地给芭比娃娃打扮……真正享受与孩子在一起的时光。

其次，要认真回答孩子的问题。走心的陪伴，很关键的一点就是倾听孩子，并非常认真地回答孩子提出的问题。很多父母可能觉得孩子的问题很幼稚，不愿意回答；还有一些孩子的问题超出了父母的知识范围，比如一些科幻的东西，在这种情况下，父母也不可以以自己不知道为借口敷衍了事，要认真查查相关的资料，然后再给孩子回答。孩子之所以提出这些问题，是受孩子智力发育的影响，此时正需要父母引导他善于思考、善于发现，而认真回答他的问题，无疑就是最好的引导。

走心的陪伴，能够让孩子感受到你的尊重、你的爱、你的温暖，且走心的陪伴是最佳的教育，父母一定不要浪费陪在孩子身边的时间，陪就用心陪!

注重与孩子的良性互动

◆付出时间，制造对话

◆关注感受，而非对错

◆用开放式问题与孩子沟通

不少父母都知道孩子的成长需要陪伴，也知道与孩子互动，这样对孩子的成长才有好处。但是因为工作忙、家务烦琐等，每天都身心俱疲，没有心情，更没有精力和孩子互动，只是坐在孩子旁边，静静地陪着孩子，或者干脆就以休息的状态陪孩子。

美国一项最新研究显示，父母多与孩子互动玩耍、交流，有利于孩子成年后的心理健康，能减少他们出现人格障碍的风险。研究负责人马克·伦岑韦格尔解释说，在与父母及其他成年人进行积极而健康的互动过程中，孩子能够集中注意力学习和模仿大人的社交技巧与处世方法，学会从容处理所面临的问题，从而提高心理承受力。

若孩子成长过程中，缺乏这种互动环节，孩子的社交能力就容易出现障碍，处理问题的能力也会降低，而成年后出现人格障碍的概率升高，孩子的注意力也容易分散，无法集中。

那父母该如何与孩子进行良性互动呢？父母不妨试试以下一些方法。

◆付出时间，制造对话

不管多忙，父母每天都要拿出半小时的时间来关注和参与孩子的活动。

有位父亲讲了他和女儿的故事，他说他每天的工作特别忙，每天下班回家基本上没有多少时间陪孩子，于是他充分利用早上孩子上学的这段时间。无论严寒酷暑，每天早上都六点半起床，洗漱完毕后就给孩子做早餐或者去买早点，然后7点左右驾车在小区门口等女儿。从小区到学校，只有近10分钟的车程，但是就是这短短的十来分钟，却成了父女俩交流的快乐时光。每天都会围绕一个主题展开，其中不乏孩子在学校的趣事、烦心事，他在工作上的成就、困扰等，甚至包括时事政治、教育理论、社会焦点等，人生百态无所不及。有些孩子可能不太懂，但是孩子很愿意听他说。

他说这些可能对于孩子的学习并没有任何帮助，可是却引导女儿关注了社会、关注了民生、关注了社会发展，对孩子的世界观、人生观、价值观的形成多少留下了些痕迹。

这位父亲的这个习惯，从女儿上小学一直维持到高中毕业，后来女儿考上了北大。

雷军也是，他在参加孩子的家长会时说："我再忙也会抽时间陪孩子。"但是大家都知道，雷军没有时间，所以，他平时不会看孩子写作业，只是在周末陪陪孩子。见孩子写作业，他就跟孩子开开玩笑，问孩子哪科学得好。孩子说英语，雷军说他数学好，于是两个人你教我英语，我教你数学。简单的一个小环节，时间不长，但却建立起效果显著的良性互动。

因此，大家即便是真的忙，或者真的需要在外地长时间出差，那么现在网络技术这么发达，每晚工作结束后，简短地与孩子视频聊个天，哪怕相互问候一声，只要是发自内心的，是有爱的，孩子都能感受到。

◆关注感受，而非对错

孩子虽然小，但是和成人一样，也会压抑不良的情绪，如果孩子总是不懂得发泄自己的负面情绪，过早承受太沉重的心理负担，对孩子的心理健康非常不利。因此，父母在陪伴孩子过程中要更多去了解、分享孩子的需求和感受，给孩子安全感和依靠感，避免孩子从小就生出孤独无助的感觉。

有一次，朋友带儿子去同事家玩，孩子不愿意去，但是朋友考虑到可能晚上还有一些活动，回家的时间比较晚，担心儿子安全，最终还是决定带上儿子，并且给儿子说到同事家要礼貌问好。结果到同事家门口后，孩子还是不愿意进去，最后不情愿地跟着朋友进了同事家，也不开口问好。回家后，朋友与儿子没能避免地发生了冲突。

乍一看的话，孩子不懂得主动打招呼问好，肯定会让人觉得没礼貌，可再分析就会知道，孩子是被"绑架"去的，他本心是非常不情愿去的，所以即使到门口了还说不愿意进去。

此时孩子有很重的抵触心理，心里有很大的不满，甚至愤怒，可朋友却完全没有注意到。如果她当时注意到了，理解了孩子不情愿去同事家的心情，那么当天的冲突就会避免。

要想与孩子进行良性互动，要懂得理解孩子的感受，而不要总是通过一些表面的现象给孩子的行为判定对或错。

◆用开放式问题与孩子沟通

开放式的问题，指的是不能简单用是或否回答的问题，如“你对这件事的看法是什么”等问题。通过开放式问题鼓励孩子自我表达，可以讲故事、进行回忆，或者描述日常的琐事等。孩子开始对你表达了，那你就可以参与到孩子每天的活动中去了，进而了解孩子正在做什么、想什么，他们的心情如何等。

积极的良性互动对孩子的成长和发展有重要的推进作用，在家庭教育中，父母除了要激发孩子正向发展，乐观进取，还要注重与孩子建立良性互动。

多站在孩子的视角看问题

◆避免站在孩子的对立面与孩子发生矛盾

◆学会换位思考

在陪伴孩子成长的过程中，不少父母都习惯高高在上地教育孩子，而得到的效果也总与期望的相去甚远。但是，反过来，如果父母不高高在上，而是站在孩子的视角，或许你会发现孩子真的很棒。

贝贝在秋运会作为最有实力的百米跑选手参加比赛时，在赛道上摔了一跤，结果不但没能取得成绩，还让贝贝在全校师生面前出了糗，回家后贝贝一脸不开心。妈妈了解情况后，坐下来对她说：“在全校师生的面前摔了一跤一定觉得很尴尬吧。其实妈妈也曾遇到过这样的事……”然后妈妈就将自己初中时参加800米跑摔跤的事情，当成玩笑轻松说给贝贝听。贝贝听后果然哈哈大笑，不过她还是为没能拿到成绩感到遗憾。

此时妈妈又说："你已经很棒了，还坚持跑到了终点，我要向你学习，因为我实在没你这么坚强，我当时摔跤后直接就退赛了。"就这样，妈妈用自己的经历鼓励着孩子，而贝贝脸上的乌云也散去了。

在看待和处理孩子的问题上，父母从成人的观点和方向性给出建议是必不可少的，但是更重要的是，父母要以同理心为基点，从孩子的心理以及认知水平去看待问题、处理问题。

不同的角度（立场）看到的是完全不同的东西，真正成熟的人往往都懂得换位思考，懂得站在别人的角度考虑问题。就像陶行知先生说的，"先做孩子的学生，再做孩子的先生"，父母教育和引导孩子一样，要多站在孩子的位置和角度去看问题。那如何站在孩子的角度看问题呢？

◆避免站在孩子的对立面与孩子发生矛盾

站在孩子的角度看问题，说起来简单，做起来并不容易，尤其是性子比较急的父母，还没等孩子把话说完，暴脾气就上来了，直接站在了孩子对立面。为避免发生矛盾，或者不使矛盾进一步激化，父母不妨试试下面的三步走法。

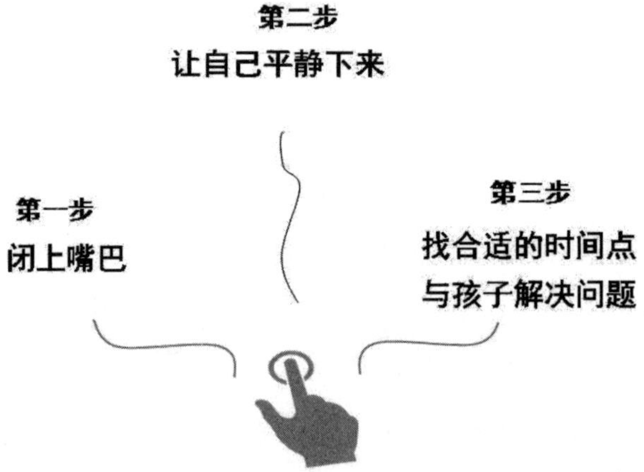

避免矛盾发生或进一步激化三步走方法

很多时候矛盾的发生和进一步激化，都是没能管住嘴巴，所以，第一步将嘴巴闭上，首先避免了亲子间的争吵。

接下来，父母就要想办法让自己尽快平静下来。可以借助深呼吸、转移注意力等方式，尽快从负面情绪中摆脱出来。

等到完全冷静之后，再找个合适的时间点，坐下来和孩子诚心地交谈一次，认真听听孩子的想法和意见，最后找到解决问题的办法。

◆学会换位思考

多站在孩子的角度看问题，就要学会与孩子换位思考。《爸爸妈妈使用手册》这本书可谓是换位思考的典范，书中，颠倒了孩子与爸爸妈妈的位置，孩子“养育”父母，而在过程中，孩子充当父母角色时，采取的“养育”方式和手段简直可以用“残忍”来形容——随便把父母丢弃在森林里；打算将父母从窗户抛出去；打呼噜要被赶出房间，去睡狗窝……

读的时候可谓让人瞠目结舌，可是静下来沉思后，发现孩子对待父母的这些手段，都可以在日常生活中从父母对待孩子的痕迹中找出来：有多少孩子在调皮时，没被父母说过要扔出去？又有多少孩子稍不如父母意时就被关小黑屋……

换位思考，将心比心，就会发现，我们曾经不以为意说出的话，或者在暴怒之下说出的话、下去的手，对孩子造成了多大的伤害，不仅影响了他们对世界的认知，甚至也歪曲了父母在孩子心中的形象。

著名作家卡夫卡成名后，曾给父亲写过一封信，信的内容是他的一段童年回忆。他说，他曾经在夜里三番五次地要水喝，开始父亲还帮他拿水，但是多次后父亲就开始警告他了，可是警告没有奏效，父亲一怒之下把他拎到阳台上罚站，然而卡夫卡真的很渴。

这并不是一件多大的事，但对卡夫卡却造成了极大的困扰，“那之后好几年，这种想象老折磨着我，我总觉得，这个巨人，我的父亲，终极法庭，会无缘无故地走来，半夜三更一把将我拽出被窝，拎到阳台上，在他面前我就是这么渺小。”

所以，父母在家庭教育中要学会换位思考，多理解孩子，倾听孩子的想法。

孩子也是独立的个体，父母与孩子不是上下级的关系，同样更不是主人与奴仆的关系，而是一种平等、尊重、关心和信任的关系，要理解孩了，站在孩子的角度看待问题，这样才能赢得孩子的信任与友谊，才能让陪伴更有效。

陪伴也应有界限

◆界限缺失会让孩子丢掉快乐和自由

◆在给孩子心灵自由开放的同时，立下纪律观念

◆孩子自己的责任让孩子自己去承担

心理咨询师杨嘉玲老师在《心理界限》的卷首语上写着这样一句话：“愿你既能保有善良，又能坚定做自己。”简单一句话，杨嘉玲老师便将界限感的核心思想概括出来了。界限感，绝不是简单地对别人说声“不”，它是一种思想意识，更是一种家庭教育，没有界限感的父母，很难培养出有界限感的孩子。

航航和子怡是同班同学，平时关系挺融洽的，却因为航航没有借书给子怡导致两人闹了矛盾，结果子怡回家后就将这事儿告诉了妈妈。子怡妈妈和航航妈妈从小就认识，于是子怡妈妈就跟航航妈妈略显生气地说航航怎么做的朋友，关键时刻不帮子怡。一句话将航航妈妈弄得一头雾水，也不知该说什么。最终两个孩子还是好同学，但是两个妈妈却从此再也没有相约出去玩儿过。

孩子之间的事，本就应该交给孩子自己去解决，懂得界限的父母才能给孩子更多主动权，帮助孩子独立成长。上面案例中的子怡妈妈显然已经越界了。

不过说到界限，有些父母认为，自己和孩子之间拥有天然的亲密关系，亲子之间就不该有界限，父母就应该知道并参与孩子的一切。其实这完全是错误的观念。

再亲密的两人，都有不愿意让对方触及的领域，一方势力过度向另一方延伸，势必会造成另一方领域压缩，会给人重重的被侵犯感。成人世界中，相互间都尽量做到不越界，这是对他人的起码尊重，孩子也是一样，也需要被尊重，也需要有自己的领域。

一旦界限被破坏，不管是成人还是孩子，都会抗议，只是孩子的力量弱小，因此往往因为恐惧而将抗议畸形化，进而演变成诸如撒谎、拒绝交流、暴躁易怒、叛逆等。

那么，作为父母，又该如何来理解与孩子之间的界限呢？

◆界限缺失会让孩子丢掉快乐和自由

曾经有一个男孩，他非常喜欢街舞，但是父母却反对他这一想法，于是他便遵从父母的意愿，去学了围棋，虽然也取得了一些成就，可是他怎么也提不起兴趣，最终他毅然违逆父母放弃了学习两年的围棋，但始终没能如愿学习他喜欢的街舞。

孩子在成长过程中，会自然生出界限感的思想，尤其是当独立意识开始萌生时。不过因为孩子的能力不足，再加上父母过多干涉，孩子的这种界限感思想若不加维系很难成型。而父母又不懂与孩子间保持“距离”，由此导致孩子非常痛苦和备受折磨。就像案例中的孩子，本喜欢街舞，却硬生生被父母安排围棋，结果最终落得两败局面。

很多父母会越界去插手、承担本该由孩子自己决定、负责的事情，他们心中似乎都有一套自己的系统，并以此为模子，要求孩子成长为符合他自己系统标准的样子。

可是纪伯伦有首诗写得好：你的孩子，其实不是你的孩子，他们是生命对于自身渴望而诞生的孩子。

孩子是独立的个体，不是父母的附属品，有自己的想法和感受，如果父母事事都要横加干涉的话，孩子就会失去快乐和自由。

因此，从某种意义上来说，界限就是对关系的解绑，父母与孩子间也一样，先处理好亲子间关系，对界限松绑，才能有好的家庭教育。

◆在给孩子心灵自由开放的同时，立下纪律观念

与孩子保持界限感，保持一定的“距离”，但并不是撒手彻底不管孩子，而是有界限的陪伴，在给予无条件爱、让孩子心灵自由开放的同时，立下相应的纪律观念。

五年级的菲菲周末经常出去和同学一起玩，有时候还会去几公里之外的商场。菲菲的妈妈从来不干涉她，因为她很清楚，这是孩子们之间的活动。不过，她会给孩子戴上可定位的电话手表，同时与孩子约定，每过两小时她们会通个电话，有时候孩子会忘记，妈妈就主动给她拨电话。

有时候孩子不戴电话手表，只带手机，妈妈便要求她将每个时间节点发给妈妈，例如从一个地方要到另一个地方去，菲菲就会给妈妈发出一条短信，告诉妈妈自己要去哪里了。

界限感要保持，却不能任由孩子放纵，必要的纪律观念还是应该让孩子具备的。

◆孩子自己的责任让孩子自己去承担

12岁的方硕恳求爸爸给自己买了一只可爱的仓鼠，并承诺自己会好好照顾它。刚将仓鼠带回家的几天里，方硕每天都要和它玩一会儿，并且给它加水、喂食，仓鼠也给力，每天都会在架子、台子和小盒子里跑上上百圈，非常活泼。可是没过一段时间，方硕就因为其他事情忘记仓鼠了。

爸爸本想帮他照顾仓鼠，但后来想到这本是孩子自己的事情，应该由他自己来承担，于是就故意没去管，不过爸爸很清楚，仓鼠有食囊，一段时间不喂食也没关系，况且仓鼠笼子里的锯末里还有不少食物。结果半个月后，等到方硕再想起仓鼠来时，仓鼠完全没有刚带回家时的活泼了。

照顾完仓鼠，方硕低着头对爸爸说："爸爸，是我不好，没有把仓鼠照顾好。"后来的每一天，方硕不管有多忙的事情，都没忘记去看看仓鼠。

对孩子的关爱和呵护是必要的，但这并不意味着事事都要帮孩子包办代替，父母要明白哪些需要自己做，哪些是孩子自己应该做的事，确定后，父母就不要随便插手孩子的事。

越早与孩子间树立界限感，孩子的独立意识越强，成长就越快，且更容易成长为有主见、有勇气、有担当且懂得不触碰底线、不越界的优秀者。

和孩子一起成长

◆想要孩子成为什么样的人，自己先去做那样的人

◆不断学习，不断超越自己

知名教育家李镇西告诉广大父母："和孩子一起成长的家长就是最好的。"

在孩子成长过程中，父母不单单扮演着家长的角色，更多的是像陪伴孩子的朋友和人生导师。父母的一举一动、一颦一笑，都在潜移默化中影响着孩子。

父母对孩子的家庭教育会影响孩子一生，这比学校教育更重要，所以人们常说父母是孩子最好的老师。曾听不少父母说，小学阶段的课程还能帮孩子辅导辅导，初中的课程完全跟不上了，到时候就没有办法辅导孩子了。而这些父母很多都是大学毕业的，曾经的学习成绩也很不错。但为什么会有这样的感慨，就是没有和孩子一起成长。

还有一些父母，口口声声教育孩子不能说脏话，结果自己一开口就脏话连篇，这样的父母又怎么能教出优秀的孩子呢？

最好的父母是和孩子一起成长。父母在陪伴孩子成长的过程中，不要忘记跟孩子一起成长。既然要以朋友、人生导师的角色陪伴在孩子左右，那么父母就要禁得起这个身份。

那如何陪孩子一起成长呢？

◆想要孩子成为什么样的人，自己先去做那样的人

有道是想要孩子成为什么样的人，首先自己先去做那样的人。

央视著名主持人董卿想必大家都非常熟悉，充满智慧又不失亲切的主持风格深受广大观众的喜欢。不过在一次访谈节目中，董卿谈到了自己初为人母时的情景。她说她每天都被琐事缠身，时间全部被孩子占据，人也变得琐碎平庸，她觉得那段日子特别艰难。好在后来一位好朋友点醒了她，朋友对她说："你希望变成什么样的人，很简单，你就去做什么样的人。"

后来董卿说，朋友的这句话如醍醐灌顶，让她一下子清醒了，她说："我应该很努力地把自己变得更好，让他在未来真正懂得的时候，他对于你有爱也有尊敬，他从你身上可以学到一些好的品质，我不想放弃我继续成长的可能，我不想因为他我就变得止步不前了。"

董卿认为，人处于"成长的过程中"，这是最美好的一种状态。彻底想清楚之后，她开始筹备《朗读者》，在这个节目中，她不仅仅是主持人的角色，还是

制片人，跑腿拉赞助，搭建演播厅等，她接受了一个又一个挑战。而《朗读者》播出后的巨大反响，正是对她成长给予的肯定。

没错，父母对孩子的陪伴不可或缺，但在陪伴孩子成长的过程中，你有没有想过你想让孩子成为一个什么样的人，是那种整天泡在麻将桌上的人吗？是天天打架斗殴的人吗？肯定都不是，肯定希望孩子将来能够开心、快乐，能够有所成就，成为大家都敬仰的人。所以，从现在开始，就和孩子一起变成那个样子吧。

◆不断学习，不断超越自己

在陪伴孩子的过程中，父母和孩子一起进步才是最好的陪伴、最好的成长。这个过程就需要父母不断学习、不断超越自己。

曾经有个人去日本做生意，可是过去几年，日语一直只会几个简单的短语，他觉得没必要学得像日本人一样流利，也觉得年龄大了，不想自己重构一个语言体系。但是后来他的儿子在日本学校上学，他突然就像上了发条一样，拼命学习日语。朋友看到后都说他怎么突然像变了个人似的，他说他不想将来儿子说着一口流利的日语，他却只能像个傻子一样等着人来翻译。而且他也不想在孩子的家长会、学习活动中给孩子丢脸。半年多的时间过去，他的日语已经接近流利了。

随着孩子的渐渐长大，他会有自己的认知，能和孩子一起成长，成为孩子眼中骄傲的父母，这是对孩子最大的鼓励和教育。

身价200亿、人称乔布斯第二的埃隆·马斯克曾说，他所有的成就，绝大部分都要归功于他的母亲。是母亲同时兼几份工，才让他们兄妹三个上了大学。母亲60岁后，孩子们可以将所有的给母亲，可是她却不愿意停下成长的脚步，毅然回到了时尚秀场，做起了自己喜欢的工作。她说：“让孩子在父母努力工作的环境下长大，知道越努力地工作，就会得到更好的成绩，获得更大的幸运。”

不断学习，不断超越，这就是以上两个案例中的父亲和母亲给孩子的最好礼物。言传身教，永远不要停下成长的脚步，让孩子以你为傲、以你为荣。

第九章

放手：孩子的人生需要用他们自己的脚步去丈量

孩子总要独自面对世界，放手是对孩子最好的爱，越早放手，对孩子的成长越有利。如何放手让孩子去试错，何时放手，放手的分寸怎么才能把握好，放手是不是就等于放纵孩子了……这些都需要大家找到其中的答案。

放手让孩子学会自己成长

◆让孩子在生活中自由地干自己能干的事

◆在孩子思想上完全放手

◆要分清“包办”和“帮助”

最近网上出现了一则关于孩子背书包的新闻，引起了广大网友的热议。

在广东深圳一所小学门口，放学后，校长正在坚持将家长们帮孩子背的书包取下来让孩子自己背。据学校工作人员反映，这是校长的一种教育理念，目的是让孩子懂得自己的事情自己做。

其实，不光是深圳，全国各处都有不少家长乐意替孩子背书包，尤其是小学低年级的孩子，家长代背书包的现象比比皆是。

替孩子背书包，看似无关紧要的一件小事，却反映了家长对孩子的过分溺爱。背书包本就是孩子上学应该承担的一部分。尤其是小学阶段，是培养孩子独立意识以及良好习惯的关键时期，家长应适当放手，让孩子去完成他力所能及的事情。尤其是对孩子的教育起着关键作用的父母，更应适当放手，让孩子把握成长的关键期，自己去适应成长规律。

不过即便什么都明白，有些父母还是不愿意放手，这其中的原因大多有以下几种。

1.父母的分离焦虑导致不放手的心理

英国心理学家 Sylvia Clare 曾说：“世界上所有的爱都以聚合为最终目的，只有一种爱以分离为目的——那就是父母对孩子的爱。父母真正成功的爱，就是让孩子尽早作为一个独立的个体从你的生命中分离出去，这种分离越早，你就越成功。”与孩子分离，会让父母难受，有些甚至会产生分离焦虑，所以父母宁愿控制和溺爱孩子不让孩子独立，也不愿与孩子分离。

2.父母的自我价值想要通过孩子实现，导致不愿放手

父母往往将孩子的行为表现以及成绩纳入自己的价值体系中，企图通过孩子弥补自己不完美的人生。

3.长辈的权威话语权

人类学家 Margaret Mead在《代沟》一书中提出了“前喻文化”，也就是晚辈从长辈处习得的文化。父母往往会挥着不可违抗的家长权威管教孩子，让孩子一切都听父母的，结果孩子除了听话，什么都不会。

日本独立教育信奉这样一句谚语：将爱子送上旅途。言外之意就是要让孩子们勇于尝试并接受生活中的挑战和困难。因此，不少的日本小孩，从几岁开始就能很好打理自己的生活了，父母只是起到协助的作用。为此，日本留学网做过一项采访调查，结果显示：从小就独立的孩子，成年后（17~18岁）基本可以一个人生活。

因此，父母要记住：放手是对孩子最好的爱和教育。不过到底该怎么放手，也有诸多的学问在里面。

◆让孩子在生活中自由地干自己能干的事

让孩子在安全和道德范围内，自己去体验、去做事。在体验过程中，孩子会自己做出调整。父母在其中唯一要扮演的角色就是针对孩子做得出色的地方提出表扬和鼓励，让孩子从中体会成功的感觉，同时也体会失败的滋味。

孩子不懂得自己收拾房间，妈妈就放手让他去，让他感受房间杂乱不堪的感觉，让他自己体会不舒服、难受的感觉，进而激发他主动收拾。

在放手的过程中，会经历刚放手时的孩子的无序，父母内心一定会急切，还想着帮孩子，但此时最不能乱，唯一要记住的一点就是：用放大镜去找孩子在这个过程中进步的地方。这个过程可能会很长，半年，甚至一年，但总有一天，会见到不一样的孩子。

◆在孩子思想上完全放手

孩子都具备独立的思想、爱好、判断力等，父母应该信任孩子在爱好上的选

择，在审美方面的观点，在交友方面的心得等，放手孩子独立的思想，让他遵循他自己的想法做事。

有个孩子一边听音乐一边写作业，妈妈强制阻止了好多次也没能改掉他这一习惯。有一天，妈妈也想试试到底听音乐会不会影响写作业或工作，于是她在工作的同时便打开了音乐，没想到，不但没有影响工作，音乐还让她的心情变得很爽朗，她更能专注于工作了。

之后妈妈再也没说过孩子，而孩子在完成作业方面也没出过多少错误。

很多父母可能放手后还是对孩子不够信任，但是静心想想，我们能陪孩子长大，但总不能陪孩子一辈子，将来还是要孩子独自面对世界。

◆要分清“包办”和“帮助”

刚开始放手时，因为孩子不具备自我管理能力，因此父母还要给予一定的帮助和建议，但在这个过程中，要分清“包办”和“帮助”的区别。

包办是替孩子做，替孩子做决定，替孩子解决问题；而帮助则是在孩子有需求时提供服务。包办是大多孩子都难以接受的，而帮助则是孩子更愿意接受的。

举个例来说，每天孩子需要穿什么，有些妈妈可能根据自己的喜好给孩子搭配，低年级的孩子可能还好，审美观还没有太强烈，但对于高年级的孩子来说，就不太喜欢妈妈包办了，想穿什么自己决定。此时妈妈还要求孩子每天穿什么，孩子就会反感。

但是可以给孩子建议，也就是提供帮助。例如，第二天气温一下子下降不少，孩子可能拿不准到底该穿哪件合适，这时候妈妈就可以提供帮助了，建议孩子穿更保暖的衣服。

放手，就得受住孩子无律、无序的煎熬过程，而要缩短这个过程，我们能做的只有信任。

放手，就是尊重孩子的想法，并信任孩子，哪怕真的出现了糟糕的情况，我们也要接纳，并且伸出援手帮助孩子出谋划策解决问题。因此，放手其实是修“心”的过程，父母要敢于放下对孩子的高期望、高要求，只抱持一颗信任、接纳和欣赏的心去看着孩子一天比一天变好。

试错才能找到对

◆耐心等待、引导

◆面对孩子第一次试错结果，父母态度很重要

我们总在期待自己拥有一个完美的孩子，一个听话、懂事、乖巧、伶俐的孩子，不会给父母惹麻烦，不会与父母对着干，不仅如此，还得是同龄者中的佼佼者，是其他孩子学习的典范……

然而，事实上，我们的孩子总是那么不完美，这也做不好，那也做不对，这也出错，那也惹麻烦……

随之而来的就是父母“不准”“不要”“不能”“不可以”的警告，最终让孩子越来越没自信，越来越怀疑自己，越来越畏手畏脚……

孩子或许真的什么错都不会犯了，可是新的问题又来了，你会发现：孩子怎么什么都不会了？

成长是一个不断尝试、不断纠正、不断超越的过程。对于孩子来说，“犯错”不但不可怕，父母还要敢于让孩子犯错，因为恰恰是犯错，让孩子总结了经验教训，恰恰是犯错，让孩子一次次地提升了能力，同时也让孩子掌握了“不再犯错”的方法，而这个过程就是“试错”。作为父母，要允许孩子“试错”，并让孩子在“试错”中成长。

美国教育心理学家桑代克曾通过一个著名的迷箱实验提出了试错学习理论。

他将一只饥饿的猫放入一个迷箱中，这个迷箱设有打开的门闩装置，迷箱外就是准备好的一盘食物。

从猫第一次偶然打开门闩逃出迷箱开始，桑代克就不断地又将它放回迷箱，进行下一轮尝试。如此“逃出—放回”反复多次，桑代克记下了猫每次逃出迷箱的时间，结果发现，随着尝试次数的不断增加，猫逃出迷箱所需的时间越来越短，以至最后一次，猫一进迷箱就打开门闩跑出迷箱吃食物了。

通过这一实验，最终桑代克认为，孩子的学习成长就像迷箱中的猫一样，是

一个在错误中不断探索的过程。

试错是孩子成长必然要经历的过程，智慧的父母都会允许孩子试错，而不是在错误中打压。

因此，父母不要担心孩子犯错，而是从孩子不断试错中做好以下几方面的引导。

◆耐心等待、引导

英国家长崇尚试错教育，孩子在做事时，他们只会在一旁默默保护孩子，而不去干涉。

一次，朋友到英国同学家去做客，同学家有一个10岁的儿子。晚饭时候，朋友着实让同学的儿子惊讶到了。因为从饭前一直到饭后，他一直都在不断忙碌着：饭前准备餐具，端饭菜上桌，饭后又一趟趟将餐具撤下去，这还不说，收拾好餐桌后，他马上又去厨房清洗餐具，直到整个厨房都收拾干净了，他才过来和大家坐一起休息一会儿。

朋友很好奇，同学为什么让这么小的孩子做这么多家务。后来同学告诉他，儿子从5岁开始就对洗碗产生了兴趣，同学很欣然地答应了他让他洗碗，只是第一次洗碗时，儿子将衣服弄得又湿又脏，并且还打碎了一个盘子。他吓哭了，但同学没责怪他，而是在他旁边又示范了一次怎么洗，怎么拿得稳，还告诉他，每次洗的时候要将围裙穿好，这样就不会弄脏衣服了。就这样，一次次的洗碗实践，小男孩再也没打碎过碗盘，同时在其他各方面都表现得很独立。

朋友的同学说，英国的孩子不论年龄大小，都是家庭的重要一员，因此都要像大人一样承担该负的责任。只是放手在孩子承担自己应负的责任时，父母要耐心等待孩子从失败错误中体验真知，同时也可以在孩子出错时及时给孩子做出正确的示范。

◆面对孩子第一次试错结果，父母态度很重要

放手让孩子独立做事，孩子会有很多问题出现，对于孩子第一次独立做事时的结果，父母的态度非常重要，它关系到孩子是不是还有勇气继续从错误和失败中找出真正正确的方法来。

周末的一天，妈妈因为有事出去了，11岁的天天因为想要吃煎鸡蛋，便学着

平时妈妈煎鸡蛋的样子，自己也煎了一个鸡蛋。因为从来没动过燃气和热油，天天担心妈妈回来会斥责他乱动燃气，于是就想赶快将鸡蛋吃掉，把厨房也收拾干净，没想到就在这时，妈妈回来了。

见到天天煎的鸡蛋，妈妈的心一下子提到了嗓子眼，不过妈妈知道不能打击天天的积极性，于是故意露出惊喜的表情，说："哎呀，宝贝会做煎鸡蛋了，让妈妈也尝尝好不好？"于是拿过筷子夹了一块来吃，结果发现天天没在鸡蛋里放盐，同时调的鸡蛋也不均匀，油也放多了。于是妈妈便告诉天天正确的做法，又鼓励天天重新做了一次。就这样，天天学会了煎鸡蛋，同时也学会了一些简单的炒菜。从此以后，妈妈出门都不用担心天天的吃饭问题了。

不管孩子在试错当中的结果如何，父母都不要打击孩子的积极性，同时还要关注孩子在这一过程中的态度，是积极认真，还是敷衍了事，父母适当做些提醒即可。

智慧的父母允许孩子犯错，并让孩子从犯错中认识到自己的不足，从而努力地纠正自己的错误，并想出正确的解决办法。每当攻克一个错误或者经历一次失败后，成功的喜悦和快乐都能激励孩子继续努力，这种不断成长的驱动力会不断驱使孩子向成熟的人生迈进。

何时放手有学问

◆进入学龄期的孩子，父母必须学会放手

◆前青春期的孩子更要学会自己动手

很多父母明知道过多地收权、揽权、霸权，会抑制孩子的个性发展、心理成长，但就是放不下手，结果到最后越不放手越放不下了。那么到底什么时候放手才是最为合适的呢？

◆进入学龄期的孩子，父母必须学会放手

其实从孩子会走、会爬的时候，就已经开始显露出对独立的需要了，这种需要建立在两方面基础上：一是他开始发现婴儿车、婴儿床以外更精彩的世界了；二是他具备了爬行或行走的能力，于是迫不及待地想要去发现更多他不曾见识的东西。从这时候开始，父母就应该顺应孩子的要求，放手让他去发现了。

当然，如果在幼儿期、少儿期，父母一直不敢放手，那么到了学龄期，父母就一定要放手了。

6~10岁的学龄期阶段，是孩子性格和习惯形成的关键时期，孩子的智力在不断提高，兴趣也在增加。如果这时候还不放手，孩子的性格、习惯，甚至智力都会受影响，兴趣、天赋更是会被父母的管束扼杀。

学龄期的孩子，父母除了放手外，还要做好孩子的“助手”角色，帮助孩子确立小目标，并协助孩子制订实施计划，多关注孩子实现目标的过程，并根据孩子的表现及时给予鼓励。

◆前青春期的孩子更要学会自己动手

11~12岁，孩子已经进入了前青春期阶段，马上就要升入初中、进入青春期了，此时的孩子已经在尝试着挣脱父母的束缚了，更愿意和同学、同伴在一起。此时父母要给孩子足够的信任和允许孩子犯错的环境。

在这个阶段，父母需要引导孩子明白以下几点。

1.人是在群体交往中长大的，世界不是孩子一个人的，孩子需要与周围的人处好关系。儿童教育专家曾针对儿童做过一个调查，结果发现，80%的孩子都具有不同程度的攻击性需求，倒不一定就是暴力，只是在与同伴交往中，他们会忽略同伴的感受，因此说话会显得刻薄，出现出手伤人或骂人的情况。不过他们自己却没有意识到这是错的，因为他们习惯了被父母宠着、包围着，自我意识非常强。

2.一定要培养孩子的自律意识和能力，否则，放手后，孩子可能真的就会无限沉迷于游戏中无法自拔。

3.让孩子明白学习是为了他自己，而不是为了父母或者其他什么人，激发孩子的自主学习动力。

4.让孩子知道失败、错误是人生经历，不用害怕错误。

当然，这个阶段的孩子，父母一定要想办法与他成为朋友，孩子想要与同学去玩，也要放手让孩子去，否则，孩子进入青春期后不是唯唯诺诺，就是自我、叛逆。

一句简单的放手，说起来容易做起来难。其实父母在不同阶段的不同时期，都要学会对孩子放手，让他勇敢迈出第一步，并做好各个阶段的引导，就对了。

拿捏好放手的分寸

◆不要控制，要引导

◆放手尽量做到无痕

◆放手也要保持中庸

曾遇到过不少父母，的确是放手了，可却是彻底的撒手不管；还有一些父母，说是放手，但是依然这也不放心，那也担心，一颗心总放不下来。

小美可谓是爸爸妈妈的掌上明珠，因为妈妈在39岁的时候才好不容易怀上小美，自从怀孕后，妈妈就没上班了，一心扑在小美身上，平时更是将一切都包办了。所以，小美都上五年级了，一到家妈妈就充当起了“仆人”角色：小美喝水要妈妈端到面前，看电视要妈妈把遥控器拿到手边，衣服随便丢、随便扔，不管是袜子还是内衣，每次就等着妈妈在后面帮忙收拾。

爸爸对小美的这种成长方式很担心，于是就向妈妈提出适当放手，妈妈看到小美一身的坏习惯、坏毛病，表示赞成爸爸的意见，开始放手不管小美了。小美失去了“依靠”，生活一下子没了着落，便大吵大闹一通，还没等到三天时间，妈妈又不得不恢复了“仆人”的身份。

心理学大师温尼科特曾提出“good enough mother——刚刚好的妈妈”理论。他认为，母亲越是能够给予孩子适度（good-enough）的亲密关系，孩子就越有能力与母亲分离，顺利进入趋向独立的阶段。“适度的亲密关系”，其实就是要告诉各位父母，要拿捏好放手的分寸，过犹而不及，刚刚好最好。

上述案例中的小美妈妈很显然放手前管得太过，放手又放得太过，结果导致最后放不下去了。那该如何拿捏好放手的分寸，让放手教育刚刚好呢？

◆不要控制，要引导

父母放下家长的权威，不要对孩子进行控制，引导孩子自己朝着积极正向的方向发展。

举个例子，五六岁的孩子在语言发展方面会出现喜欢模仿他人说话的现象，有时会说一些让大人听起来觉得离谱的话："我要将他杀掉""我要把他撕碎"，很多时候，孩子可能是无意识的，但是一旦听到孩子说这样的话，父母肯定会担心、焦虑，所以不少父母会对孩子一通训斥，要求他以后不能再说类似的话。

孩子出现这种情况，父母可以采用两种方法来应对：一种是直接忽略掉，属于负向的引导，不过前提是孩子只是偶尔会说，父母不去强化的话，慢慢地，孩子就会忘记；另一种是采用温和的方式引导孩子，可以让孩子表达他的内心真实感受，然后引导他还可以采用哪些话来表达，这种方法更积极正向。

◆放手尽量做到无痕

放手时，不能让孩子突然觉得父母对自己的态度变了，怀疑是不是父母不爱自己了，尽量做到无声无息。

◆放手也要保持中庸

传统文化经常会提到宽严相济、刚柔并济，父母在对孩子放手时也得保持这样一个弹性的中庸，真正给孩子一个既宽松又有约束性的环境。

之所以要放手，是因为之前对孩子不是包办就是管得太严了，不管哪种，突然放手，孩子自然就会放松下来。这点，我们成人有同样的感受。比如连续一个月的时间都在加班赶工作，等工作结束后，唯一想做的就是放松下来好好休息一下。

孩子也是一样，以前总是被监督、被要求，被父母推动着，这些一旦没有了，自然孩子就会放任了，这很正常。所以，真正的放手是，父母对孩子放心、安心，然后又要协助他、帮助他。但这种帮助一定不再是包办，是孩子真的不会做时的引导、示范。

放手不是放任

◆放手不能盲目

◆放手是放心+协助

在提到放手教育时，一位妈妈说："整个暑假我对孩子放手了，他的事情都由他自己做主，他自己自由支配时间，他上网时间不限制，我也不催他写作业，可是，整个假期就剩最后两天了，孩子的作业还一点儿没写呢……"

还有一位妈妈说："放手后，孩子一直沉迷于网络游戏，我还能放手下去吗？"

其实，以上这两位妈妈的情况很普遍。很多父母知道放手的教育理念，却没有对放手理解透彻。

第一位妈妈放手后对孩子抱着很大的期待，希望一放手，孩子自己就能马上自律起来，马上能够有序地处理好自己的事情，然后在成绩上还能有所提升，在上网上还能有所节制。

孩子不像成人一样，能够预见后果，突然失去了所有的"禁制"，一下子放松了，孩子很容易放纵自己，想干什么就干什么。

可这不叫放手，是放纵、放任不管。如果父母没有正确放手的心态以及理念，对孩子放手则成了害孩子。

因为人性的本质都是逃避痛苦而去追求快乐的，如果一下子就让他们彻底放松了，他们就会产生如下心态：

玩手机、玩游戏、去玩面玩、不做作业，太舒服、太轻松、太快乐了！

做作业，多辛苦啊，还是不去做了，玩会儿游戏吧！

舒服地睡会儿懒觉吧……

放纵让孩子会受各种各样欲望的吸引，比如沉迷游戏、睡懒觉、去外面与同伴一玩就是一整天、不写作业、不上学……

越是放纵，孩了的坏习惯越泛滥，孩子越想纵容自己去满足自己的欲望。所以，放手不是放纵，放纵、放任不管只能给孩子带来伤害。

那怎么放手才能不变成放任呢？

◆放手不能盲目

放手不应是盲目的。很多人一说放手，马上就彻底不管孩子了，让孩子完全凭自己的感觉和体验去感受。这就是盲目的放手。

例如，孩子喜欢吃冰镇西瓜，吃了一块又一块，父母不管，认为吃坏了肚子下次他就不吃了，可是如果他吃不坏肚子，他就会一直吃，最终会冲破胃能承受的极限。此时父母就要引导孩子了：“吃两块，还是吃三块？”在量上让孩子有一个选择。

还有，看到孩子打架，觉得只要是没有打到要害部位、没有打出血就不掺和，让孩子自己去处理。但如果在刚刚出现两个孩子扭打的时候，就问一下原因，并且引导孩子是不是还有其他途径可以解决，那么是不是就会避免两个孩子受伤呢？

还有很严重的校园霸凌，一旦孩子被同学欺负，父母对待事件的态度就非常重要，这时父母就要第一时间站出来，必须要管，必须作为孩子坚强的后盾，坚决地站在孩子这边，绝对不能让孩子自己去处理这样的事件！

凡事没有绝对，放手不是放任，要客观、理性，当出现不得不需要父母面对的问题时，父母要及时出现，并确保以正确的方式帮助孩子解决问题。

◆放手是放心+协助

要想放手不变成放任，父母就要做到放心+协助。

1.明事理

明事理就是明白道理，明白什么道理呢？就是放手后，对孩子一定要放心、安心。

要知道放手，是为了让孩子成长为更独立的人，但如果成天还让孩子生活在你的条条框框中，孩子就有强烈的禁锢感，所以，父母该做的就是放心将手放开，安心地让孩子在不断的错误中“摸爬滚打”。

2.有耐心地去协助

放手让孩子自我管理，更重要的是树立孩子自律的意识，但有些孩子已经多年被父母包办习惯，因此一旦放手，自律意识很难一下形成，有些甚至过了很长时间还处于无律状态，此时父母就要保持耐心，给孩子养成自律品质的时间，同时也要帮孩子建立自律。比如，帮孩子创造主动学习的环境，当孩子有自律表现时，及时给予鼓励，并给予孩子足够的爱和支持，让孩子慢慢享受这种达成自律后温暖、爱的感觉，进而形成一种习惯。

孩子的起跑线不该是名和利，而是父母的修养和格局，对孩子的教育，该放手时就放手，不该放手时请一定尽到父母的职责，且不可将放手当成放任。

让孩子学会自我管理

◆与孩子达成约定

◆让孩子制订计划表

一个独立的孩子，一定是父母从小用合理的方式养育出来的，独立的人格和自由的意志是孩子从小就逐渐形成的，并在父母的不断放手中得到加强的。没有自己面对问题的机会，孩子的内在就得不到成长。

过去，孩子都是被父母通过外力的推动管理的，这不是来自孩子主动内在的力量，就算在父母的推动下做了，孩子也只是默默承受，不情不愿，甚至有反抗心理。这种习惯父母的推动才能前进的孩子，动力不会持久，且自己也得不到良好成长。而放手后，孩子虽然具备了发挥主动内在力量的机会，但往往事事受阻，所有的一切都是一片混乱、糟糕的状态，这主要是因为孩了缺乏自我管理能力。

很多父母不敢对孩子放手，或者放手后又提心吊胆，惶惶不可终日，也是因为孩子不具备自我管理能力，父母对孩子放手后的行为不自信。所以，想要孩子真正有持久的内在动力，父母在放手时还得让孩子学会自我管理。

那么如何让孩子学会自我管理呢？

◆与孩子达成约定

放手后，孩子沉迷于网络游戏，或者孩子疯狂地玩不做作业，抑或你在内心设置的时间节点已经到了，但是孩子还是没能达到你心中期望的样子，这时候该怎么办？最好的办法就是和孩子达成一个约定，落实在笔头上，形成一个条约。这也是在一定规则范围内对孩子放手。比如一个星期的时间，孩子还是不能自主起床，每天都上学迟到，此时父母就可以对孩子进行一下惩罚，周末的零用钱不给孩子发放了，或者孩子心仪的东西不买了。等孩子做好自我管理时，再加以奖励。

一旦孩子达成了，那么父母就要抓住这次机会，让孩子以此为动力源和参照物，每次都按照达成的标准去做，孩子既有动力，也更容易形成自我管理的习惯。

◆让孩子制订计划表

放手后孩子很多事情不知道从何做起，这时候一份计划表就可以帮助孩子起到自我管理的作用。

1.为什么制订计划表

首先，计划表能培养孩子时间管理的能力的自律品质，让孩子具备时间观念，有时间观念的人一般都能自律。

其次，制订计划表，可以增强孩子的行动力、独立性，有了计划，孩子只要按照计划放手去完成就行了。

再次，计划表能够帮助孩子养成一系列的好习惯，如生活习惯、学习习惯等。

最后，计划表在帮助孩子养成习惯的同时，还能给孩子带来自我满足感和成就感。心理学家研究指出，一件事坚持21天就会养成习惯，如果坚持3个月就会成为稳定习惯。而计划表就是帮助孩子养成稳定习惯。

2.如何制定计划表

首先要和孩子一起讨论他想要计划做的事，或者希望达成的目标，都列成一个清单。比如要放寒假了，整个寒假希望完成哪些事情，一一列在纸上。

其次是制订阶段目标。清单列出来后，还可以将计划分成若干个小计划，比如在整个假期内孩子想看三本名著，每天看多少，在每天的哪个时间段看，可以一同列入计划表中。

也可以将整个计划分成若干个小计划表，比如将整个寒假的大计划表，分解成4个小计划表，每个计划以一周时间为一个阶段。

接着，便与孩子一起制作计划表，可以用表格的形式呈现出来。

计划表制作

日期	希望完成的事情	已完成	未完成	自我评价

将事情按照日期一一列下来，在计划的日期内完成了，就在“已完成”处打“√”，如果没能完成就在“未完成”处打“×”，并且根据完成的效果做出一个自我评价。可以用“我进步了”“我需要继续努力”“我改掉了××习惯”等来展示，并且每一个进步、一个改变，都在旁边贴上一个可爱的贴画。

根据孩子完成的效果，父母可以给孩子一定程度的奖励，不过奖励不能太急，可以和孩子协定，孩子每积攒10个贴画后，就满足孩子一个愿望。

父母还可以根据以上列计划表的方法，帮助孩子做家务表单，让孩子参与到家庭的每日活动中来。

放手过程中，让孩子学会自我管理，让孩子做自己的CEO，父母才能放心地放手。

放手之后不必纠结

◆放手后父母要少焦虑或不焦虑

◆不要怀疑，要信任

◆别怕拒绝孩子

放手之后，不少父母心里会很不踏实，心里摇摆不定，尤其是看到孩子迷恋手机、迷恋电视，吃饭睡觉都不规律时，内心就更不淡定了，心中开始生出对孩子的怀疑，想着孩子是不是不打不成才的那种，并怀疑放手后孩子是不是能真的调整好。总之，就是各种焦虑、各种纠结，最后搞得自己身心俱疲不说，连孩子也跟着不断感受父母的反复不定的态度。

有一位妈妈就是这样，放手让12岁的孩子自己洗衣服，不管是外衣还是背心、袜子，都让孩子自己洗，并且告诉了孩子洗法。结果第一次孩子洗衣服时，妈妈就不放心，一会儿看看一会儿说说的，结果孩子真的洗得不干净，妈妈看不过去，又重新洗了一遍。第二次孩子还是没能洗干净，妈妈又洗了一遍。就这样，半年时间过去，孩子也没能将衣服洗干净。

父母不仅要学会放手，还要放心地放手，放手后不纠结、不焦虑，让孩子真正为自己的将来奋斗。

那如何做到放手后不焦虑、不纠结呢?

◆放手后父母要少焦虑或不焦虑

很多父母之所以对孩子放手，是因为以前对孩子包办惯了，孩子反倒各种“折腾”，父母觉得在教育上“黔驴技穷”、无计可施了，所以才反过来在自身找原因和方法，对孩子放手。

可是被包办惯的孩子一经放手，自然会出现无律状态，沉迷手机游戏，抱着电视不放，作业无限期拖延……

于是各种焦虑的父母就出现了。人在焦虑的时候，缺乏安全感，其实这正是父母不信任孩子能够自己调整的表现，此时他们还是会盯着孩子的种种问题，希望孩子能在最短的时间内做出改变，来平复他们内心的焦虑。

但孩子毕竟以前没有自己调整过，完全是在父母的包办下生活的，所以你不能一下子就让他成为一个自律的人，一定要给他时间。就像一个老司机带一个新司机一样，坐在副驾座上指点一二即可。在这个过程中，给孩子信任，不焦虑，并且要给予孩子充分的爱和尊重、理解。孩子肯定会走弯路，你就将这些弯路当作孩子试错的机会，然后让孩子从中总结经验教训。

◆不要怀疑，要信任

父母的信任可以给孩子巨大的力量，让他们无所畏惧，父母在对孩子放手时，也得给予孩子充分的信任，信任孩子有能力做好他所做的每一件事。

有一对双胞胎，每次都是她俩在外面玩，大家很少看到她们的家长跟着。有一次，朋友带孩子去玩，刚好碰到她们两个，问她们都是自己在外面玩吗？她们说是。朋友又问她们，她们怎么知道什么时候该回家呢？其中一个举起胳膊给朋友看了她的手表，说："我们会看时间。"

朋友觉得这对双胞胎的父母实在明智，于是特别想跟他们聊聊家庭教育的问题。终于有一个机会，他见到了这对双胞胎的妈妈，在谈到两个孩子的自立能力很强，但是也不无担忧地说，真的不怕孩子遇到什么坏人吗？这位妈妈说："我相信她们面对危险的能力，她们也学到了很多处理危险境况的方法，但是方法再多，也没有实践有用。"

所以，对孩子放手，就要相信孩子。

◆别怕拒绝孩子

放手前，孩子的一切都由父母来包办，突然放手，孩子各种不适应，依然想着这也要求妈妈来做，那也希望爸爸能帮忙，同时还可能会用哭闹、撒泼等来达到目的，此刻就需要父母大胆拒绝孩子了。

其实被拒绝也是孩子必须要经历的。不过在拒绝时可以参考前面我们说到的放手不露痕迹的方法，委婉拒绝。在孩子又要求父母帮忙做他们本可以自己做好的事情时，父母可以借口忙或者其他什么理由，避开孩子的要求。

注意拒绝态度不能强硬，不要给孩子讲道理，不讨论是非对错，不用让孩子必须马上肯定你的做法，更不要试着马上说服孩子，允许孩子有自己的想法。

同样的事情，第一次拒绝了孩子，第二次、第三次依然要拒绝孩子，前后保持一致，避免根据自己的情绪好坏决定对孩子的态度。

同时，拒绝孩子后，还要给孩子关爱的拥抱、爱抚，投以坚定的眼神，告诉孩子他可以，你相信他。

因此，父母既然选择对孩子放手，就不能纠结、焦虑，信任孩子，让孩子成长为独立自主的人。